© Barbara Bossinger

Machu Picchu, Peru

Impressum

Vicente Celi-Kresling
Spanisch für Lateinamerika – Wort für Wort
erschienen im
REISE KNOW-HOW Verlag Peter Rump GmbH
Osnabrücker Str. 79, D-33649 Bielefeld
info@reise-know-how.de

© REISE KNOW-HOW Verlag Peter Rump GmbH
17. Auflage 2015
Konzeption, Gliederung, Layout und Umschlagklappen
wurden speziell für die Reihe „Kauderwelsch" entwickelt
und sind urheberrechtlich geschützt.
Alle Rechte vorbehalten.

Bearbeitung & Layout	Claudia Schmidt
Layout-Konzept	Günter Pawlak, FaktorZwo! Bielefeld
Umschlag	Peter Rump; Coverfoto: © RCH@Fotolia.com
Kartographie	Iain Macneish
Fotos	Barbara Bossinger, Handelsbüro ProChile,
	Fotografen @Fotolia.com; Fotonachweis am jeweiligen Foto
Druck und Bindung	Werbedruck GmbH Horst Schreckhase, Spangenberg

ISBN: 978-3-8317-6440-2
Printed in Germany

Dieses Buch ist erhältlich in jeder Buchhandlung Deutschlands,
Österreichs, der Schweiz und der Benelux-Staaten. Bitte informieren Sie Ihren Buchhändler über folgende Bezugsadressen:

Deutschland	Prolit GmbH, Postfach 9, 35461 Fernwald (Annerod)
	sowie alle Barsortimente
Schweiz	AVA-buch 2000, Postfach 27, CH-8910 Affoltern
Österreich	Mohr Morawa Buchvertrieb GmbH,
	Sulzengasse 2, A-1230 Wien
Belgien & Niederlande	Willems Adventure, www.willemsadventure.nl
direkt	Wer im Buchhandel kein Glück hat, bekommt unsere Bücher
	zuzüglich Porto- und Verpackungskosten auch direkt
	über unseren Internet-Shop: **www.reise-know-how.de.**

Zu diesem Buch ist ein **AusspracheTrainer** als **MP3-Download**
unter **www.reise-know-how.de** oder als **Audio-CD** in jeder
Buchhandlung Deutschlands, Österreichs, der Schweiz und
der Benelux-Staaten erhältlich.

Der Verlag möchte die **Reihe Kauderwelsch** weiter ausbauen
und **sucht Autoren!** Mehr Informationen finden Sie unter
http://www.reise-know-how.de/verlag/mitarbeit

Kauderwelsch

Vicente Celi-Kresling

Spanisch für Lateinamerika

Wort für Wort

Zu diesem Buch
ist ein AusspracheTrainer
als MP3-Download erhältlich:
www.reise-know-how.de

Auch als Audio-CD
im Buchhandel:
ISBN 978-3-8317-6212-5

REISE KNOW-HOW
im Internet
www.reise-know-how.de
info@reise-know-how.de

*Aktuelle Reisetipps
und Neuigkeiten,
Ergänzungen nach
Redaktionsschluss,
Büchershop und
Sonderangebote
rund ums Reisen*

Kauderwelsch-Sprachführer sind anders!

Warum? Weil sie Sie in die Lage versetzen, wirklich zu sprechen und die Leute zu verstehen.

Wie wird das gemacht? Abgesehen von dem, was jedes Sprachbuch bietet, nämlich Vokabeln, Beispielsätze usw., zeichnen sich die Bände der Kauderwelsch-Reihe durch folgende Besonderheiten aus:

Die **Grammatik** wird in einfacher Sprache so weit erklärt, dass es möglich wird, ohne viel Paukerei mit dem Sprechen zu beginnen, wenn auch nicht gerade druckreif.

Alle Beispielsätze werden doppelt ins Deutsche übertragen: zum einen **Wort-für-Wort**, zum anderen in „ordentliches" Hochdeutsch. So wird das fremde Sprachsystem sehr gut durchschaubar. Denn in einer fremden Sprache unterscheiden sich z. B. Satzbau und Ausdrucksweise recht stark vom Deutschen. Ohne diese Übersetzungsart ist es so gut wie unmöglich, schnell einzelne Wörter in einem Satz auszutauschen.

Die **Autorinnen** und **Autoren** der Reihe sind Globetrotter, die die Sprache im Land selbst gelernt haben. Sie wissen daher genau, wie und was die Leute auf der Straße sprechen. Deren Ausdrucksweise ist nämlich häufig viel einfacher und direkter als z. B. die Sprache der Literatur oder des Fernsehens.

Besonders wichtig sind im Reiseland **Körpersprache**, **Gesten**, **Zeichen** und **Verhaltensregeln**, ohne die auch Sprachkundige kaum mit Menschen in guten Kontakt kommen. In allen Bänden der Kauderwelsch-Reihe wird darum besonders auf diese Art der nonverbalen Kommunikation eingegangen.

Kauderwelsch-Sprachführer sind keine Lehrbücher, aber viel mehr als traditinelle Sprachführer! Wenn Sie ein wenig Zeit investieren und einige Vokabeln lernen, werden Sie mit ihrer Hilfe in kürzester Zeit schon Informationen bekommen und Erfahrungen machen, die „sprachlosen" Reisenden verborgen bleiben.

Inhalt

 **Grammatik**

Inhalt

© Grigory Kubaryan@Fotolia.com

Markt in San Cristóbal de las Casas, Mexiko

Vorwort

Dieser Sprechführer eignet sich vor allem für all diejenigen, die lieber auf eigene Faust – ohne deutsche Reiseleitung – Lateinamerika erkunden wollen. Das Motto „mit Englisch kommt man immer weiter" gilt in Lateinamerika nicht unbedingt – man sollte sich jedenfalls nicht darauf verlassen. Wenn man nicht wie jede/r andere Tourist/in behandelt werden möchte, sollte man sich zumindest die wichtigsten Floskeln und Formulierungen der Landessprache aneignen, um sich verständlich zu machen, auch wenn das nicht immer perfekt ist. Nur so sind echte Begegnungen mit den gastfreundlichen Lateinamerikanern möglich, und wird man Einblick in deren Lebensweise und Mentalität gewinnen können.

Das Spanisch Lateinamerikas weist in einigen Punkten Besonderheiten auf – nicht zuletzt durch die starken Einflüsse verschiedener indigener Sprachen, die viele Wörter und ganze Satzstrukturen ins Castellano, das Spanisch Kastiliens, hineingebracht haben. Darüber hinaus gibt es auch unterschiedliche Bezeichnungen in den verschiedenen Ländern sowie Aussprachebesonderheiten. Der vorliegende Kauderwelschband trägt dieser Vielfalt Rechnung.

Ich wünsche Ihnen viel Spaß beim Lernen und eine gute Reise!

Hinweise zum Benutzung

Der Sprachführer „Spanisch für Lateinamerika" gliedert sich in die drei wichtigen Hauptabschnitte „Grammatik", „Konversation" und „Wörterliste".

Grammatik   Die Grammatik beschränkt sich auf das Wesentliche und ist so einfach gehalten wie möglich. Deshalb sind auch nicht alle Ausnahmen und Unregelmäßigkeiten der Sprache erklärt.

Wer bereits über Spanischvorkenntnisse verfügt, mag sich auf die Eigentümlichkeiten und die Umgangssprache konzentrieren. Aber auch der Anfänger wird sich mit Hilfe der einfach erklärten Grammatik sofort verständlich machen können und dann im Konversationsteil alles finden, um „mitzureden".

Konversation   In diesem Teil finden Sie Sätze aus dem Alltagsgespräch, die Ihnen einen ersten Eindruck davon vermitteln sollen, wie die spanische Sprache „funktioniert", und die Sie auf das vorbereiten sollen, was Sie später in Lateinamerika hören werden – denn was man vorher schon einmal gelesen hat, versteht man später viel leichter. Sowie Sie sich auch nur ein wenig vom Allgemeinsten entfernen, wird es unwahrscheinlich, dass Sie exakt den gewünschten Satz hier finden werden. Benutzen Sie die Beispielsätze daher auch als Fundus von Satzschablonen und -mustern, die Sie selbst Ihren Bedürfnissen anpassen.

Damit Sie die Wortfolge des Spanischen in den Beispielsätzen nachvollziehen können, ist eine Wort-für-Wort-Übersetzung in kursiver Schrift ergänzt. Jedem spanischen Wort entspricht ein Wort in der Wort-für-Wort-Übersetzung. Wird ein spanisches Wort im Deutschen durch zwei Wörter übersetzt, sind diese in der Wort-für-Wort-Übersetzung durch einen Bindestrich verbunden. Wörter, die nur zum besseren Verständnis ergänzt wurden, stehen in Klammern, z. B.: **Wort-für-Wort-Übersetzung**

Quiero llamar por teléfono.
(ich-)möchte rufen durch Telefon
Ich möchte telefonieren.

Werden in einem Satz mehrere Wörter angegeben, die man untereinander austauschen kann, steht ein Schrägstrich.

¿Dónde está el restaurant / baño?
wo sich-befindet der Restaurant / Toilette
Wo ist ein Restaurant / die Toilette?

Ez	Einzahl (Singular)	**Abkürzungen**
Mz	Mehrzahl (Plural)	
w	weiblich (feminin)	
m	männlich (maskulin)	

Mit Hilfe der Wort-für-Wort-Übersetzung können Sie die Beispielsätze leicht Ihren eigenen Bedürfnissen anpassen, auch wenn das Ergebnis nicht immer perfekt ist.

Hinweise zur Benutzung

Wörterlisten Die Wörterlisten am Ende des Buches helfen Ihnen dabei. Sie enthalten einen Grundwortschatz „Deutsch–Spanisch" und „Spanisch–Deutsch" von je ca. 1500 Wörtern, mit denen man schon eine Menge anfangen kann.

Umschlagklappe Die Umschlagklappe hilft, die wichtigsten Sätze und Formulierungen stets parat zu haben. Hier finden sich schnell die wichtigsten Angaben zur Aussprache und eine kleine Liste der wichtigsten Fragewörter, Richtungs- und Zeitangaben. Aufgeklappt ist der Umschlag eine wesentliche Erleichterung, da nun die gewünschte Satzkonstruktion mit dem entsprechenden Vokabular aus den einzelnen Kapiteln kombiniert werden kann.

Wenn alles nicht mehr weiterhilft, dann ist vielleicht das Kapitel „Nichts verstanden? – Weiterlernen!" der richtige Tipp. Es befindet sich ebenfalls im Umschlag, stets bereit, mit der richtigen Formulierung für z. B. „Ich habe leider nicht verstanden." oder „Wie bitte?" auszuhelfen.

Zahlen
Um Ihnen den Umgang mit den Zahlen zu erleichtern, wird auf jeder Seite die Seitenzahl auch auf Spanisch angegeben!

Über die Sprache

Das Motto „Mit Englisch kommt man immer durch!" gilt in weiten Teilen Lateinamerikas nicht. Nach Verlassen des Flughafens ist ein Grundwortschatz der Landessprache zur Verständigung meist unerlässlich.

Spanisch hat sich (wie Italienisch, Französisch) aus dem Latein entwickelt. So werden Ihnen viele Wörter bekannt erscheinen. Das lateinamerikanische Spanisch ist das Spanisch Kastiliens, eben castellano (Kastilisch). Es ist allerdings mit einigen Wörtern der indianischen Sprachen durchsetzt.

Von Region zu Region Südamerikas werden unterschiedliche Dialekte gesprochen, in einigen Ländern und Regionen auch noch die indigenen Sprachen Quechua, Aymara, Guaraní, Náhuatl usw. Aber castellano ist in 18 Staaten Lateinamerikas Nationalsprache – Grund genug, sich beim Lernen etwas Mühe zu geben. Ein Gringo (ursprünglich Bezeichnung für US-Amerikaner) zu sein, ist kein Kompliment.

Ein und dasselbe Wort kann in den verschiedenen lateinamerikanischen Ländern unterschiedliche Bedeutungen haben, oder man benutzt für eine Bedeutung verschiedene Wörter. Wenn nötig, habe ich solche Feinheiten gekennzeichnet.

Man kann die Dialekte in Lateinamerika in vier Großregionen unterteilen: Mittelamerika (Centroamérica, Abk. „Mit") einschließlich Me-

Das offizielle europäische Spanisch und das offizielle lateinamerikanische Spanisch sind sich sehr ähnlich. Was dann tatsächlich auf der Straße gesprochen wird, sieht z. T. schon ganz anders aus.

In einigen Ländern (v. a. Argentinien, aber auch Peru) ist die Bezeichnung castellano die einzige für die Sprache, während man in Mexiko oder Kuba eher español sagt.

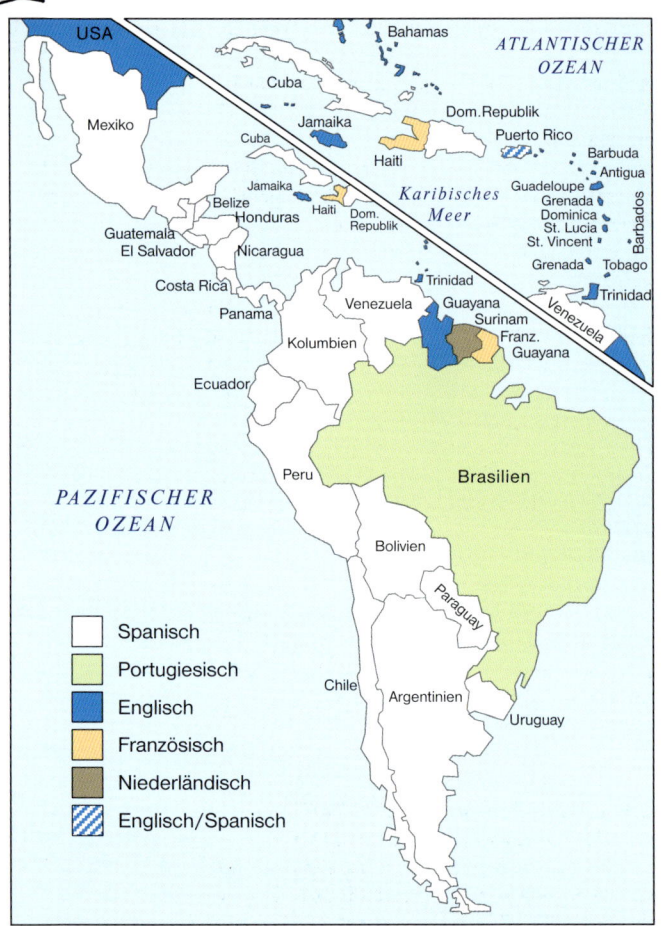

USA

Bahamas

ATLANTISCHER OZEAN

Cuba

Mexiko

Cuba

Jamaika

Dom.Republik

Puerto Rico

Haiti

Barbuda

Antigua

Jamaika

Belize

Honduras

Haiti

Dom. Republik

Karibisches Meer

Guadeloupe

Grenada

Dominica

St. Lucia

St. Vincent

Barbados

Guatemala

El Salvador

Nicaragua

Grenada

Tobago

Costa Rica

Trinidad

Trinidad

Panama

Venezuela

Guayana

Surinam

Venezuela

Kolumbien

Franz. Guayana

Ecuador

PAZIFISCHER OZEAN

Peru

Brasilien

Bolivien

Paraguay

Chile

Argentinien

Uruguay

Spanisch

Portugiesisch

Englisch

Französisch

Niederländisch

Englisch/Spanisch

xiko, die Andenstaaten (Andes, „And") mit Bolivien („Bol"), Peru („Per"), Ecuador („Ecu"), Kolumbien („Col"), Chile („Chi"), die Karibik (Caribe, „Car"), wozu auch der größte Teil Venezuelas zählt, und die Río-de-la-Plata-Staaten (Argentinien, Paraguay und Uruguay) im Süden (Sur, „Süd"). Wörter, die vorwiegend in einer bestimmten Region gebraucht werden, habe ich mit diesen Abkürzungen gekennzeichnet.

Chile lässt sich auch nur grob mit in den Süden einordnen. Ebenso muss man sagen, dass an der Nordküste Kolumbiens eher wie in der Karibik gesprochen wird, und in den venezolanischen Anden eben eher andino.

So wird in den Anden beispielsweise sehr deutlich gesprochen und das „s" voll artikuliert. In der Karibik werden Anfang und Ende eines Wortes gerne verschluckt und der Rest „zusammengezogen". Insbesondere das „s" geht dabei oft verloren. In Mittelamerika und im Süden wird leicht „gesungen". In der Karibik (z. B. in der República Dominicana) wird das -r am Ende eines Wortes oft in -l umgewandelt. So sagt man calol statt calor (Hitze / Wärme).

Hören Sie sich Aussprachebeispiele mit Ihrem Smartphone an! Ausgewählte Kapitel im Konversationsteil sind dafür mit einem QR-Code ausgestattet. Wer kein Smartphone hat, kann sich die Sätze auch auf unserer Webseite anhören: www.reise-know-how.de/kauderwelsch/005

Unterschiede europ. / lat.- am. Spanisch

Der auffälligste Unterschied liegt in der Aussprache: Im europäischen Spanisch wird statt z und c (bei ce und ci) ein gelispeltes „th" gesprochen, während es in Lateinamerika wie das deutsche „ß" klingt.

Über die Sprache

Dieser so genannte voseo kommt aber auch in etlichen anderen Gegenden vor (Mittelamerika, Teile von Ecuador und Kolumbien), dort vor allem in der Umgangssprache oder in ländlichen Gebieten.

Die zweite Person Mehrzahl („ihr") heißt in Spanien vosotros und in Lateinamerika ustedes. Vor allem im Süden wird für die zweite Person Einzahl („du") vos anstatt tú benutzt.

Gleich bei den ersten Unterhaltungen werden Sie feststellen, dass in manchen lateinamerikanischen Ländern (z. B. im Westen) fast nicht geduzt wird, während das in Spanien recht häufig vorkommt. Wollen Lateinamerikaner die Zukunftsform ausdrücken, so umschreiben sie diese mit einer Konstruktion aus der Gegenwartsform des Tätigkeitswortes ir (gehen) plus dem Verhältniswort a (nach, zu) plus der Grundform (Infinitiv) des Tätigkeitswortes, während man in Spanien häufiger die echte Zukunftsform gebraucht.

© Grigory Kubatyan@Fotolia.com

„Schwimmende Gärten" von Xochimilco, Mexiko-Stadt

Aussprache & Betonung

Die Aussprache ist einfach. Es gibt keinen Laut, der in der deutschen Sprache nicht vorkommt. Allerdings werden einige Buchstaben völlig anders ausgesprochen als bei uns.

Doppellaute

Doppellaute (Diphthonge), z. B. ie, eu, ai werden im Castellano immer getrennt (nacheinander) ausgesprochen, also i-e, e-u, a-i usw.

Mitlaute

k, w	kommen nur in Fremdwörtern bzw. indigenen Sprachen vor und werden dann wie im Deutschen gesprochen
c	vor Mitlauten und vor a, o, u wie „k", vor e und i wie „ß" in „Ma**ß**" **contacto** „*kontakto*" (Kontakt) **Cuba** „*kuba*" (Kuba) **cena** „*ßena*" (Abendessen) **cielo** „*ßi-elo*" (Himmel)
ch	kurzes „tsch" wie in „Ma**tsch**" **Chile** „*tschile*" (Chile)
g	vor e und i wie „h" bzw. rauhes „ch" (regional unterschiedlich), vor a, o und u wie „g" **gente** „*hente*" (Leute) **gitano** „*hitano*" (Zigeuner) **galápago** (Wasserschildkröte)

Das u in gue / gui *ist stumm und bewirkt, dass das g nicht wie ein rauhes „ch" ausgesprochen wird.*	**gue,** wie „ge" bzw. „gi"
	gui **guía** *„gia"* (Fremdenführer)
	guerra *„gerra"* (Krieg)
	(aber:) **guante** *„guante"* (Handschuh)
h	ist stumm
j	wie „h" bzw. rauhes „ch"
	(regional unterschiedlich)
	naranja *„naranha"* (Orange)
ll	wie „j" in „**J**äger"
	calle *„kaje"* (Straße)
ñ	wie „nj" in „A**nj**a"
	mañana *„manjana"* (morgen)
qu	wie „k" (gibt es nur vor e oder i)
	queso *„keßo"* (Käse)
	mantequilla *„mantekija"* (Butter)
r	kurz gerolltes Zungen-r, besonders stark gerollt am Wortanfang und bei Verdoppelung sowie nach l, n, s
	radio *„rradio"* (Radio)
	perro (Hund)
	enredo *„enrredo"* (Verwirrung)
s	wie „ß" in „Ma**ß**"
	clase *„klaße"* (Klasse)
v	wie „w" in „**W**asser"
	vender *„wender"* (verkaufen)
y	wie „j" in „**J**äger", am Wortende oder alleinstehend jedoch wie „i"
	desayuno *„deßajuno"* (Frühstück)
	hay *„ai"* (es gibt)
	y *„i"* (und)
z	wie „ß" in „Ma**ß**"
	zapato (Schuh)

Wortbetonung

Normalerweise werden die Wörter im Spanischen, die auf einen Selbstlaut (a, e, i, o, u) auf n oder s enden, auf der vorletzten Silbe betont. Alle anderen Wörter betont man auf der letzten Silbe.

Ausnahmen von dieser Regel werden mit einem Akzentzeichen gekennzeichnet, z. B. teléfono, plástico, mamá. Bei falscher Betonung kann sich nämlich der Sinn des Wortes ganz erheblich ändern:

papa	Kartoffel	**papá**	Vater
esta	diese	**está**	(er / sie) ist
sabana	Savanne	**sábana**	Bettlaken

Satzmelodie

Die Tonsenkung erfolgt fast immer am Ende des Satzes.

Satzzeichen

Im Spanischen setzt man ? und ! auch zu Beginn des Frage- bzw. Ausrufsatzes, und zwar dann auf dem Kopf stehend, also ¿ und ¡.

Kauderwelsch-AusspracheTrainer

*Falls Sie sich die wichtigsten spanischen Sätze, die in diesem Buch vorkommen, einmal von einem Einheimischen gesprochen anhören möchten, brauchen Sie den **Aussprache-Trainer** zu diesem Buch. Sie bekommen ihn als **MP3-Download** über unseren Internetshop **www.reise-know-how.de** oder auf **Audio-CD** in Ihrer Buchhandlung. Alle Sätze, die Sie auf dem **Kauderwelsch-AusspracheTrainer** hören können, sind in diesem Buch mit einem Ohr (👂) gekennzeichnet.*

Wörter, die weiterhelfen

Für den Anfang können Sie mit dem unpersönlichen Ausdruck hay (es gibt) die wichtigsten Sachen erfahren (ausgesprochen „*ai*").

Gibt es ...?

¿Hay ...? *es-gibt*	Gibt es ...?
¿Hay café? *es-gibt Kaffee*	Gibt es Kaffee?
¿Hay un hotel aquí? *es-gibt ein Hotel hier*	Gibt es ein Hotel hier?
¿Hay comida? *es-gibt Essen*	Gibt es Essen?
¿Hay bebidas? *es-gibt Getränke*	Gibt es Getränke?

Sí, hay.
ja es-gibt
Ja, gibt es.

No, no hay.
nein nicht es-gibt
Nein, gibt es nicht.

Hast du / haben Sie ...?

¿Tienes / Tiene ...? *(du-)hast / (er-/sie-)hat*	Hast du ...? / Haben Sie ...?
¿Tiene una habitación libre? *(er-/sie-)hat ein Zimmer frei*	Haben Sie ein Zimmer frei?
¿Tiene Pizza? *(er-/sie-)hat Pizza*	Haben Sie Pizza?

Sí, tengo.   **No, no tenemos.**
ja (ich-)besitze   *nein nicht (wir-)besitzen*
Ja, ich habe.   Nein, haben wir nicht.

Ich will / möchte ... (haben).

Quiero ...	Ich will / möchte ...
(ich-)will	
Quiero un café.	Ich will ein Kaffee!
(ich-)will ein Kaffee	
Quiero un pan.	Ich will ein Brot!
Quiero un jugo.	Ich will einen Saft!

Für die Verneinung stellt man einfach no (nein, nicht) voran:

No quiero café.
nicht (ich-)will Kaffee
Ich will keinen Kaffe.

Wichtig: te quiero bedeutet „ich liebe dich" bzw. „ich mag dich".

Wo gibt es ...?

Falls man sich jetzt weiter durchfragen muss, hilft die nächste Frage weiter:

Dónde hay ...?	Wo gibt es ...?
wo es-gibt	
Dónde hay una farmacia?	Wo ist eine Apotheke?
wo es-gibt eine Apotheke	

Wo ist / befindet sich ...?

Dónde está ...?	Wo ist ...?
wo (er-/sie-/es-)ist	
Dónde está el hotel?	Wo ist das Hotel?
Dónde está el baño?	Wo ist das WC (Bad)?

Südamerikaner über- und untertreiben gerne. So kann z. B. „5 Minuten zu Fuß" (a pie) auch „eine halbe Stunde im Dauerlauf" bedeuten.

Fragen Sie unterwegs verschiedene Leute, wenn Sie wissen wollen, ob Sie auf dem richtigen Weg sind, denn obwohl Ihnen alle helfen wollen, bedeutet das nicht, dass die Auskunft genau ist.

Ich suche ...

Estoy buscando ...	Ich suche ...
(ich-)bin suchend	
Estoy buscando un restaurante.	Ich suche ein Restaurant.
(ich-)bin suchend ein Restaurant	
Estoy buscando un teléfono	Ich suche ein Telefon.
(ich-)bin suchend ein Telefon	

Wie viel kostet ...?

Cuánto cuesta ...?	Wie viel kostet ...?
wieviel (er-/sie-/es-)kostet	
Cuánto cuesta esto?	Wie viel kostet dies?
Cuánto cuesta la entrada?	Wie viel kostet der Eintritt?
Cuánto cuesta un boleto?	Wie viel kostet eine Fahrkarte?

Hauptwörter & Artikel

Im Spanischen gibt es nur zwei grammatische Geschlechter: männlich und weiblich. Das grammatische Geschlecht im Spanischen deckt sich jedoch nicht immer mit dem des deutschen Hauptworts.

Artikel

	männlich		weiblich	
Ez	el	der	la	die
Mz	los	die	las	die

	männlich		weiblich	
Ez	un	ein	una	eine
Mz	unos	einige	unas	einige

grammatisches Geschlecht

Die Artikel richten sich in Zahl und Geschlecht nach dem dazugehörigen Hauptwort. Bei Lebewesen bestimmt normalerweise das natürliche Geschlecht sowie die Endung des Wortes den Artikel:

el señor	der Herr
la señora	die Frau
el chico	der Junge
la chica	das Mädchen

Weibliche Hauptwörter enden fast alle auf -a, -ad, -ción, -sión oder -z.

la cocina	die Küche
la paz	der Frieden
la canción	das Lied

Wichtige Ausnahme: el agua (das Wasser) hat zwar den männlichen Artikel, wird aber wie ein weibliches Hauptwort behandelt, z. B. el agua salada (Salzwasser).

Alle Wörter der folgenden Liste sind jedoch männlich, auch wenn die Endung etwas anderes vermuten lässt:

el día	der Tag
el clima	das Klima
el avión	das Flugzeug
el camión	der LKW

Männliche Hauptwörter enden fast alle auf -o, -l, -r, -n, -e.

el trabajo	die Arbeit
el sol	die Sonne
el corazón	das Herz

Wichtige Ausnahmen sind:

la mano	die Hand
la razón	die Vernunft
la flor	die Blume

Mehrzahl

Die einfachste Regel mit sehr wenigen Ausnahmen ist: Endet das Wort auf einen Mitlaut
(Konsonanten), so wird -es angehängt, endet
es auf einen Selbstlaut (Vokal), wird nur -s angehängt, z. B.:

el pan	das Brot
los panes	die Brote
la fruta	die Frucht
las frutas	die Früchte

© rm@Fotolia.com

Käsefachgeschäft in Argentinien

Dieses & Jenes

Este (dieses hier) weist auf eine Sache oder Person, die sich nahe dem Sprecher befindet. Ese (dieses da) dient dazu, um auf etwas hinzuweisen, das sich nahe beim Angesprochenen befindet. Mit aquel (jenes), der dritten Stufe, verweist man auf örtlich oder auch zeitlich entferntere Dinge oder Menschen.

	männlich	**weiblich**	**neutral**
Ez	este	esta	esto
Mz	estos	estas	
Ez	ese	esa	eso
Mz	esos	esas	
Ez	aquel	aquella	aquello
Mz	aquellos	aquellas	

© rm@Fotolia.com

Perito-Moreno-Gletscher in Patagonien, Argentinien

Eigenschaftswörter

Eigenschaftswörter (Adjektive) richten sich in Geschlecht und Zahl nach dem Bezugswort. Alle Endungen -o (männlich) können durch -a (weiblich) ausgetauscht werden. Alle anderen Endungen sind gleichzeitig männlich und weiblich.

ocupado	besetzt
libre	frei
fácil	einfach
difícil	schwierig
trabajador	arbeitsam
flojo, vago	faul
barato, económico	billig, preiswert
caro	teuer
limpio	sauber
sucio	schmutzig
bueno	gut
malo	böse, schlecht
grande	groß
pequeño, chico	klein
cerca	nahe
lejos	weit
fuerte	kräftig, stark
débil	schwach
largo	lang
corto	kurz
bajo	klein
alto	groß, hoch
abierto	geöffnet

cerrado	geschlossen
rico	reich
pobre	arm
caliente	heiß
frío	kalt
lento	langsam
rápido	schnell
mojado	nass
seco	trocken
simpático	sympathisch
antipático	unsympathisch
divertido	lustig
aburrido	langweilig
nuevo - joven	neu – jung
viejo	alt
(des)agradable	(un)angenehm
(in)feliz	(un)glücklich
(in)correcto, falso	(un)richtig, falsch
(in)justo	(un)gerecht
(poco) amistoso	(wenig) freundlich
duro	hart
blando, suave	weich
estúpido, tonto	dumm
inteligente	intelligent
pesado	schwer, lästig
avispado	klug
bello, bonito, lindo	schön; hübsch
triste	traurig
feo; asqueroso	hässlich; ekelhaft
oscuro	dunkel
claro	hell
lleno – vacío	voll – leer
(poco) amable	(wenig) höflich

Die Eigenschaftswörter sind dem Hauptwort in der Regel nachgestellt. Folgende wenige Eigenschaftswörter (und sonstige „Begleiter") können auch vor dem Hauptwort stehen. Die männliche Form verliert dabei die Endung.

alguno	irgendein
algún libro	irgendein Buch
ninguno	kein
ningún chico	kein Junge
ninguna	keine
ninguna chica	kein Mädchen
grande	groß
un gran poeta	ein großer Poet
bueno	gut
buen tiempo	gutes Wetter
malo	schlecht
mal tiempo	schlechtes Wetter

Folgende „Begleiter" sind dem Hauptwort, auf das sie sich beziehen, immer vorangestellt:

mucho	viel
poco	wenig
otro	anderer, noch einer
menos	weniger
más	mehr

El niño pequeño tiene un perro negro.
der Kind klein (es-)besitzt ein Hund schwarz
Das kleine Kind hat einen schwarzen Hund.

El poncho gris es caro.
der Poncho grau ist teuer
Der graue Poncho ist teuer.

Yo como poca carne.
Ich esse wenig Fleisch.

Farben

el color	Farbe
blanco	weiß
amarillo	gelb
(a)naranja(do)	orange
rojo / colorado	rot
verde	grün
azul	blau
violeta	violett
marrón, café	braun
gris	grau
negro	schwarz
plateado	silbern
dorado	golden
rubio	blond

Wortstellung im Satz

Wie Sie an den Beispielen schon bemerkt haben, funktioniert der Satzbau nach dem Prinzip „S-P-O".

Subjekt Satzgegenstand	Prädikat Satzaussage	Objekt Satzergänzung
Ella	**es**	**maestra.**
Sie	ist	Lehrerin.

© torugo@Fotolia.com

Tango argentino

Steigern & Vergleichen

Um ein Eigenschaftswort zu steigern, verwendet man das Wort *más* (mehr), das beim Komparativ vor das Eigenschaftswort gestellt wird. Das Vergleichswort wird dann mit dem Wort *que* (als) angeknüpft. Der Superlativ wird gebildet, indem zusätzlich der bestimmte Artikel dem Hauptwort, auf das sich die Steigerung beziehen soll, vorangestellt wird.

lindo *(m)*	schön
más lindo (que)	schöner (als)
mehr schön (als)	
el más lindo	der schönste
der mehr schön	
linda (w)	schön
más linda (que)	schöner (als)
mehr schöne (als)	
la más linda	die schönste
die mehr schöne	

Ella es más alta que él.
sie ist mehr hohe als er
Sie ist größer als er.

El es más bajo que ella.
er ist mehr-klein als sie
Er ist kleiner als sie.

Ella es la más alta.
sie ist die mehr hohe
Sie ist die größte.

El es el más bajo.
er ist der mehr klein
Er ist der kleinste.

übertreiben (vergrößern/verkleinern)

Um zu „übertreiben", was sehr üblich ist, hängen Sie an das Eigenschaftswort die Endung -ísimo *(m)* bzw. -ísima *(w)* an:

El es bajísimo.   **Ella es altísima.**
er ist winzigst   *sie ist höchste*
Er ist winzig.   Sie ist riesig.

Este Hotel es carísimo.
dieser Hotel ist teuerst
Dieses Hotel ist teuer.

Im Süden Lateinamerikas wird oft ein re- vor das Wort gesetzt, was dann so viel wie „sehr" bedeutet:

rebueno	sehr gut
remalo	sehr schlecht

Den Endungen -ito *(m)* oder -ita *(w)* bzw. -ote *(m)* oder -ota *(w)* „verkleinern" bzw. „vergrößern" ein Hauptwort:

un beso	ein Kuss
un besito	ein Küsschen
un besote	ein dicker Kuss
una casa	ein Haus
una casita	ein Häuschen
una casota	ein großes Haus

Südamerikaner haben oftmals einen bildhaften Humor: Um zum Beispiel „Angst (Schiss) haben" auszudrücken, sagen sie:

... está más caga 'o que palo 'e gallinero.
... ist vollgeschissener als eine Stange im Hühnerstall.

oder eine Längenangabe:

... es más largo que eructo de jirafa.
... ist länger als der Rülpser einer Giraffe.

Es wird immer nach neuen, auch aktuellen Bildern gesucht.

© Eduardo Rivero@Fotolia.com

Magellan-Pinguine in Patagonien, Argentinien

Das Fragen dürfte Ihnen nicht allzu viele Schwierigkeiten machen. Benutzen Sie ein Fragewort, bleibt die Satzstellung des normalen Aussagesatzes erhalten.

Ergänzungsfragen

¿cómo?	wie?
¿(a)dónde?	wo(hin)?
¿de dónde?	woher?
¿cuándo?	wann?
¿cuál? *(Ez)*	welche/r?
cuales? *(Mz)*	welche?
¿cuál es?	welches?
¿cuanto?	wie viel?
¿cuántos/-as?	wie viele? *(m/w)*
¿qué?	was?
¿para qué?	wofür?
¿porqué?	warum?
¿quién? *(Ez)*	wer?
¿quiénes? *(Mz)*	wer?

Auf Ergänzungsfragen antwortet man mit einem vollständigen Satz.

Hola, ¿cómo estás?   **Bien, ¿y tú?**
hallo wie (du-)bist   *gut und du*
Hallo, wie geht's dir? Gut, und dir?

¿Adónde vas?   **Quiero ir a Lima.**
nach-wo (du-)gehst   *(ich-)will gehen zu Lima*
Wohin gehst du?   Ich möchte nach Lima.

¿Dónde está la estación de bus?
wo ist die Station von Bus
Wo ist die Haltestelle?

En el centro.
in der Zentrum
Im Zentrum.

¿Y cómo llego al centro?
und wie (ich-)komme zu-der Zentrum
Und wie komme ich zum Zentrum?

a la derecha	rechts
a la izquierda	links
(a) delante	vorne
(hacia) atrás	nach hinten
allá	dort
allí	da
aquí, acá	hier
derecho, recto	geradeaus
cerca	nahe
lejos	weit
una cuadra	ein Block
en la esquina	an der Ecke

Die folgenden Fragen heißen alle „Wie teuer?", „Wie viel kostet es?", „Wie viel ist es wert?"

¿Cuánto cuesta?	*wieviel (es-)kostet*
¿A cómo es? *(And)*	*zu wie (es-)ist*
¿Cuánto vale? *(Süd)*	*wieviel (es-)ist-wert*

Entscheidungsfragen

Auf Fragen ohne Fragewörter kann man nur mit „ja" oder „nein" antworten. Sie zu bilden, ist auch nicht schwer. Da wird nämlich wie im Deutschen gefragt. Nur die Betonung und die Satzstellung ändern sich ein bisschen:

¿Viaja este auto / bús al sur?
(er-)fährt dieser Auto / Bus zu-der Süden
Fährt dieser Bus nach Süden?

Sí, ¿quiere un pasaje?
ja (er-/sie-)will ein Fahrkarte
Ja, wollen Sie eine Fahrkarte?

Obelisk auf der Avenida 9 de Julio in Buenos Aires, Argentinien

Persönliche Fürwörter

In den Anden-Regionen ist das Duzen nicht besonders üblich.

yo	ich
tú	du
vos	du (wird v. a. im Süden anstelle von tú gebraucht)
él - ella	er – sie
Usted (Ud. / Vd.)	Sie (höfl. Anrede für eine Person)
nosotros/-as *(m/w)*	wir
ustedes	ihr
vosotros	ihr (wird nur in der Literatur anstelle von ustedes benutzt
ellos/-as *(m/w)*	sie *(Mz)*
Ustedes (Uds. / Vds.)	Sie (höfl. Anrede für mehrere Personen)

Nosotros bzw. ellos wird für gemischte oder nur männliche Gruppen verwendet, nosotras bzw. ellas für nur weibliche Gruppen.

Ud. *(Ez)* und Uds. *(Mz)* sind die gebräuchlichen Abkürzungen für Usted bzw. Ustedes. Vd. *(Ez)* und Vds. *(Mz)* sind die entsprechenden literatursprachlichen Abkürzungen dafür.

Wem? oder Wen?

Die Formen der persönlichen Fürwörter auf die Frage „wem?" oder „wen?" lauten wie folgt:

Frage „wem?"

	unbetont	betont	
mir	me	a mí	*ich*
dir	te	a ti	*du*
ihm	le	a él	*er*
ihr	le	a ella	*sie (Ez)*
Ihnen	Le	a Usted	*Sie (Ez)*
uns	nos	a nosotros/-as	*wir (m/w)*
euch	les	a ustedes	*ihr*
ihnen	les	a ellos/-as	*sie (m/w, Mz)*
Ihnen	Les	a Ustedes	*Sie (Mz)*

Frage „wen?"

mich	me	uns	nos
dich	te	euch *(m/w)*	los / las
ihn	lo	sie *(m)*	los
sie *(Ez)*	la	sie *(w)*	las
Sie *(m/w Ez)*	lo / la	Sie *(m/w Mz)*	los / las

Die gebeugten unbetonten persönlichen Fürwörter stehen immer vor dem Tätigkeitswort, mit dem sie verbunden sind.

Carlos me escribe. **María me llama.**
Carlos mir (er-)schreibt *María mich (sie-)ruft*
Carlos schreibt mit María ruft mich.

El señor me presta su Auto.
der Herr mir (er-)leiht sein Auto
Der Herr leiht mir sein Auto.

Te quiero.
dich (ich-)will
Ich mag / liebe dich.

Die betonte Form wird zusätzlich zur unbetonten verwendet, um das persönliche Fürwort hervorzuheben. Sie steht immer nach dem Tätigkeitswort.

Carlos me escribió a mí.
Carlos mir (er-)schrieb zu mir
Carlos hat mir *(!)* geschrieben.

Mit sämtlichen Verhältniswörtern stehen immer nur die betonten Formen der persönlichen Fürwörter (dann allerdings ohne a).

para mí	für mich
para ti	für dich
para él	für ihn
para ella	für sie
para Usted	für Sie
para nosotros/-as	für uns *(m/w)*
para ustedes	für euch
para ellos/-as	für sie *(m/w)*

Zusammen mit dem Verhältniswort con verschmelzen einige persönliche Fürwörter, die dann überdies eine besondere Form annehmen:

con + mí	**=**	**conmigo**	mit mir
con + ti	**=**	**contigo**	mit dir
con + si	**=**	**consigo**	mit sich

Besitzanzeigende Fürwörter

Die besitzanzeigenden Fürwörter können Sie wie im Deutschen benutzen, aber sie können nicht ohne Hauptwort stehen.

mi casa	mein Haus
tu casa	dein Haus
su casa	sein / ihr / Ihr Haus
nuestro casa	unser Haus
vuestro casa	euer Haus
su casa	ihr / Ihr *(Mz)* Haus

Die Mehrzahl wird wie bei Haupt- und Eigenschaftswörtern gebildet.

mis libros	meine Bücher
tus libros	deine Bücher
nuestros libros	unsere Bücher

Die folgenden Fürwörter sind die entsprechenden Varianten, die ohne Hauptwort stehen. Sie werden oft begleitet von es (ist) im Sinne von „gehört".

(es) mío	(ist) meiner
(es) tuyo	(ist) deiner
(es) suyo	(ist) seiner / ihrer / Ihrer
es nuestro	ist unser
es vuestro	ist eurer
es suyo	ist ihrer / Ihrer *(Mz)*

Die Mehrzahl dieser selbständigen besitzanzeigenden Fürwörter wird erwartungsgemäß mit der Endung -s gebildet. Das Verb „sein, gehören" muss dann natürlich auch in die Mehrzahl gesetzt werden und nimmt dann die Form son (sind) an

(son) tuyos	(sind) deine
(son) vuestros	(sind) eure
(son) suyos	(sind) seine / ihre / Ihre

Tätigkeitswörter & Zeiten

Tätigkeitswörter (Verben) bestehen immer aus einem Stamm plus Grundform-Endung. Es werden drei Gruppen unterschieden:

-ar	compr-ar	kaufen
-er	com-er	essen
-ir	recib-ir	bekommen

Gegenwart

Die folgenden Beugungstabellen gelten nur für regelmäßige Tätigkeitswörter. Der Stamm bleibt immer gleich, und die Endung verändert sich nach folgendem Schema:

compr-ar	com-er	viv-ir	
kaufen	essen	leben	
compr-o	com-o	viv-o	*ich*
compr-as	com-es	viv-es	*du*
compr-a	com-e	viv-e	*er, sie, Sie (Ez)*
compr-amos	com-emos	viv-imos	*wir*
compr-an	com-en	viv-en	*ihr*
compr-an	com-en	viv-en	*sie, Sie (Mz)*

María compra un libro.
María kauft ein Buch.

Nosotros compramos la comida.
wir(m) kaufen die Essen
Wir kaufen das Essen.

Él vive en un hotel.
er lebt in ein Hotel
Er lebt in einem Hotel.

Da man an der Endung des Tätigkeitswortes erkennt, um welche Person es sich handelt, kann man das Fürwort für den Satzgegenstand (Subjekt) weglassen, es sei denn, man will die Person besonders hervorheben:

Nosotros comemos pan.
Wir *(!)* essen Brot. *(Die anderen aber nicht.)*

vollendete Gegenwart (Perfekt)

Einfach zu bilden ist die vollendete Gegenwart (Perfekt), die wie im Deutschen aus dem Hilfsverb (nur haber „haben") + Partizip II (Mittelwort der Vergangenheit) gebildet wird.

Hilfsverb haber (haben)

Achtung!
Verwechseln Sie
haber *nicht mit dem*
Vollverb tener
(haben / besitzen)!

haber	haben
he	ich habe
has	du hast
ha	er / sie hat, Sie *(Ez)* haben
hemos	wir haben
han	ihr habt
han	sie / Sie *(Mz)* haben

Das Hilfsverb ist ausschließlich haber, auch dort, wo man im Deutschen das Hilfsverb „sein" benutzt (z. B. bei Bewegungsverben).

Partizip II

Die Grundformendung wird durch die Partizip-Endung wie folgt ersetzt:

...-ar	*wird zu*	**...-ado**
compr-ar		**compr-ado**
kaufen		gekauft
...-er	*wird zu*	**...-ido**
com-er		**com-ido**
essen		gegessen
...-ir	*wird zu*	**...-ido**
viv-ir		**viv-ido**
leben		gelebt

Ella ha comprado un poncho.
sie hat gekauft ein Poncho
Sie hat einen Poncho gekauft.

Nosotros hemos comido una sopa.
wir(m) haben gegessen eine Suppe
Wir haben eine Suppe gegessen.

Yo he vivido diecisiete años en Venezuela.
ich habe gelebt siebzehn Jahre in Venezuela
Ich habe siebzehn Jahre in Venezuela gelebt.

einfache Vergangenheit

Die einfache Vergangenheit (span.: indefinido) wird sehr häufig benutzt (und zwar auch dann, wenn man im Deutschen das Perfekt gebraucht). Es beschreibt ein abgeschlossenes

Ereignis in der Vergangenheit. Die Tätigkeitswörter mit den Endungen -er und -ir haben die
gleichen Beugungsendungen.

	habl-ar	com-er	viv-ir
	sprechen	essen	leben
ich	habl-é	com-í	viv-í
du	habl-aste	com-iste	viv-iste
er, sie, Sie (Ez)	habl-ó	com-ió	viv-ió
wir	habl-amos	com-imos	viv-imos
ihr	habl-aron	com-ieron	viv-ieron
sie, Sie (Mz)	habl-aron	com-ieron	viv-ieron

Ayer comí con ella.
gestern (ich-)aß mit sie
Gestern aß ich mit ihr. /
Gestern habe ich mit ihr gegessen.

Yo viví diecisiete años en Caracas.
ich (ich-)lebte siebzehn Jahre in Caracas
Ich lebte 17 Jahre in Caracas. /
Ich habe 17 Jahre in Caracas gelebt.

Zukunft

Um die Zukunft auszudrücken, kombiniert
man ein Tätigkeitswort in der Gegenwart mit
einem passenden Zeitwort (z. B. „morgen").
Das wird im Deutschen oft genauso gemacht.

Yo compro el pan después.
Ich kaufe das Brot später.

Ella recibe el auto mañana.
sie bekommt der Auto morgen
Sie bekommt morgen das Auto.

Nosotros viajamos en una semana y dos días.
wir(m) reisen in eine Woche und zwei Tagen
Wir reisen in einer Woche und zwei Tagen.

Eine weitere, ebenfalls einfach zu bildende Form für die (nahe) Zukunft, ist wie folgt: gebeugtes ir (gehen) + a (zu) + Grundform des Tätigkeitswortes.

Voy a salir.
(ich-)gehe zu weggehen
Ich werde gleich weggehen.

Vamos a pagar la cuenta.
(wir-)gehen zu zahlen die Rechung
Wir werden gleich die Rechnung bezahlen.

Ellos van a viajar al Cusco.
sie(m) gehen zu reisen zum Cusco
Sie werden nach Cusco reisen.

Verlaufsform

Die Verlaufsform bezeichnet die gerade ablaufende Handlung und wird wie im Englischen verwendet. Sie setzt sich aus dem gebeugten estar (sein) und dem Partizip I (Mittelwort der Gegenwart) zusammen. Das Partizip I wird ganz regelmäßig gebildet, indem die Endungen der Grundform jeweils wie folgt ersetzt werden:

...-ar	*wird zu*	**...-ando**
compr-ar		**compr-ando**
kaufen		kaufend
...-er	*wird zu*	**...-iendo**
com-er		**com-iendo**
essen		essend
...-ir	*wird zu*	**...-iendo**
viv-ir		**viv-iendo**
leben		lebend

Está hablando.   **Estamos comiendo.**
(er-/sie-)ist sprechend   (wir-)sind essend
Er / sie spricht gerade. Wir essen gerade.

Estoy viviendo en Berlín.
(ich-)bin lebend in Berlin
Ich lebe derzeitig in Berlin.

wichtige regelmäßige Verben

subir	aufsteigen, steigen, hinaufgehen
esperar	(er)warten, hoffen
bajar	absteigen, runtergehen
llegar	ankommen, gelangen
contestar	antworten

trabajar	arbeiten
manejar	Auto fahren
recibir	bekommen, erhalten
visitar	besuchen
necesitar	brauchen, benötigen
invitar	einladen
explicar	erklären
comer	essen
volar	fliegen
preguntar	fragen
entregar	geben
caminar	gehen, laufen, spazieren gehen
saludar	grüßen, begrüßen
ayudar	helfen
comprar	kaufen
besar	küssen
vivir	leben, wohnen
aprender	lernen
leer	lesen
amar	lieben
coger	nehmen, ergreifen
tomar	nehmen, trinken
abrir	öffnen
robar	rauben, klauen
fumar	rauchen
entrar	hineingehen, hereinkommen
viajar	reisen
reservar	reservieren
llamar	rufen, anrufen
escribir	schreiben
mirar	sehen

conversar	sich unterhalten
hablar	sprechen
buscar	suchen
beber	trinken
olvidar	vergessen
vender	verkaufen
comprender, entender	verstehen
pagar	zahlen, bezahlen
enseñar	zeigen, lehren

Coger sollte man in Argentinien und Venezuela allerdings nicht benutzen: Umgangssprachlich bedeutet es hier nämlich „bumsen" (statt dessen eher: tomar oder auch agarrar)!

© rm@Fotolia.com

Iguazú-Wasserfälle, Argentinien

Unregelmäßige Tätigkeitswörter

Unregelmäßige Tätigkeitswörter gibt es zum Glück nicht so viele. Hier stelle ich kurz die wichtigsten vor („reg." bedeutet: regelmäßige Form anwenden).

Gegenwart (reg.)	Partizip II
abrir (öffnen)	**abierto** (geöffnet)
escribir (schreiben)	**escrito** (geschrieben)

Bei den folgenden Tätigkeitswörtern ist in der Gegenwart nur die Ich-Form der Gegenwart unregelmäßig, der Rest ist regelmäßig:

	ich ...	Partizip II
ver (sehen)	**veo**	**visto**
hacer (machen)	**hago**	**hecho**
poner (stellen)	**pongo**	**puesto**
dar (geben)	**doy**	**dado**
saber (wissen)	**sé**	**sabido**
salir (hinausgehen)	**salgo**	**salido**

Völlig unregelmäßig in der Gegenwart sind:

decir	dormir	querer	poder
sagen	schlafen	wollen	können
digo	**duermo**	**quiero**	**puedo**
dices	**duermes**	**quieres**	**puedes**
dice	**duerme**	**quiere**	**puede**
decimos	**dormimos**	**queremos**	**podemos**
dicen	**duermen**	**quieren**	**pueden**
dicen	**duermen**	**quieren**	**pueden**

Allerdings ist der Wechsel von -o- zu -ue- und von -e-zu -ie- nur aus Anfängerperspektive unregelmäßig

ich
du
er, sie, Sie (Ez)
wir
ihr
sie, Sie (Mz)

Das Partizip II ist nur bei decir (sagen) unregelmäßig: dicho.

	ir	oír	tener (tener que)
	gehen	hören	haben (müssen)
ich	voy	oigo	tengo (... que)
du	vas	oyes	tienes (... que)
er, sie, Sie (Ez)	va	oye	tiene (... que)
wir	vamos	oímos	tenemos (... que)
ihr	van	oyen	tienen (... que)
sie, Sie (Mz)	van	oyen	tienen (... que)

Die dazugehörigen Partizipien II lauten:	ido	oído	tenido
	gegangen	gehört	gehabt

(Nosotros) vamos mañana a la montaña.
(wir) gehen morgen zu die Gebirge
Wir gehen morgen ins Gebirge.

Ellas hacen la comida y ellos toman cerveza.
sie(w Mz) machen die Essen und sie(m Mz)
trinken Bier
Die Frauen machen das Essen, die Männer
trinken Bier.

El bus ha salido ya, el otro sale mañana.
der Bus hat rausgegangen schon der andere
hinausgeht morgen
Der Bus ist schon abgefahren, der andere
fährt morgen.

(Yo) no sé.
(ich) nicht weiß
Ich weiß nicht.

Tengo que ir al baño.
(ich-)besitze dass gehen zum Bad
Ich muss auf die Toilette gehen.

(Ellos) no tienen dinero.
(sie(m Mz)) nicht (sie-)besitzen Geld
Sie haben kein Geld.

Weitere unregelmäßige Tätigkeitswörter sind:

contar	erzählen
dar	geben
conocer	kennen
poner	(hin)legen
pedir	verlangen, bitten

Unregelmäßige Tätigkeitswörter sind in den Wörterlisten im Buch mit * gekennzeichnet.

© Jean-Yves Foy@Fotolia.com

Graffiti in La Boca, Stadtteil von Buenos Aires, Argentinien

Verneinung

Das Verneinungswort no (nein, nicht) steht immer vor dem Tätigkeitswort.

Lamentablemente no puedo venir.
leider nicht (ich-)kann kommen
Ich kann leider nicht .kommen

No tengo dinero.
nicht (ich-)besitze Geld
Ich habe kein Geld.

Die unbestimmten Verneinungsfürwörter, wie „niemand", „nichts", „niemals" benötigen im Spanischen eine „doppelte Verneinung", die das Tätigkeitswort umschließt.

no ... ninguno *(m)*	keiner
no ... ninguna *(w)*	keine
no ... nadie	niemand
no ... nunca	niemals
no ... jamás	niemals
no ... nada	nichts
no ... tampoco	auch nicht
no ... en ninguna parte	nirgends
no ... a ninguna parte	nirgendwohin
no ... de ninguna parte	nirgendwoher

No entiendo nada.
nicht (ich-)verstehe nichts
Ich verstehe nichts.

No volverá nunca.
nicht (er-/sie-)zurückkommen-wird nie
Er / sie wird nie zurückkommen.

No entfällt nur dann, wenn das besondere verneinende Wort dem Tätigkweitswort vorangestellt ist.

Nunca he comido tanto.
nie (ich-)habe gegessen soviel
Nie habe ich soviel gegessen.

Ella tampoco sabe la verdad.
sie auch nicht (sie-)weiß die Wahrheit
Sie kennt auch nicht die Wahrheit.

© rm@Fotolia.com

Orca vor der Küste Argentiniens

Die Tätigkeitswörter „sein"

Im Spanischen gibt es zwei Tätigkeitswörter für „sein": ser und estar. Sie werden niemals wie im Deutschen als Hilfsverben für die zusammengesetzten Zeiten benötigt (z. B. „ich bin gegangen").

ser	estar	sein
soy	estoy	ich bin
eres	estás	du bist
es	está	er / sie / Sie *(Ez)* sind
somos	estamos	wir sind
son	están	ihr seid
son	están	sie / Sie *(Mz)* sind
sido	estado	gewesen

Ser bezeichnet im Allgemeinen Dauerzustände bzw. wesensmäßige Eigenschaften, z. B. Beruf, Religion, Tag, Uhrzeit, Geschlecht usw. Estar hingegen bezeichnet vorübergehende Zustände, wie z. B. Krankheit, Stimmung, Lage einer Person und geographische Lage.

Nosotros somos estudiantes.
Wir sind Studenten. *(gilt als Beruf!)*

Él es arquitecto.
Er ist Architekt.

Yo estoy cansado.
Ich bin erschöpft.

Yo estoy borracho.
Ich bin betrunken.

Yo soy borracho.
Ich bin Trinker.

Modalverben

Die Modalverben „können", „müssen", „sollen", „dürfen" werden üblicherweise in Verbindung mit Vollverben (diese in der Grundform) gebraucht und geben der Satzaussage einen zusätzlichen Bedeutungsaspekt (Möglichkeit, Notwendigkeit, Verpflichtung usw.).

Hier die Modalverben in der Gegenwart:

deber	poder	querer	
müssen	können	wollen	
debo	puedo	quiero	*ich*
debes	puedes	quieres	*du*
debe	puede	quiere	*er, sie, Sie (Ez)*
debemos	podemos	queremos	*wir*
deben	pueden	quieren	*ihr*
deben	pueden	quieren	*sie, Sie (Mz)*

saber	tener que	
wissen	müssen	
sé	tengo que	*ich*
sabes	tienes que	*du*
sabe	tiene que	*er, sie, Sie (Ez)*
sabemos	tenemos que	*wir*
saben	tienen que	*ihr*
saben	tienen que	*sie, Sie (Mz)*

Debemos visitar a la familia.
(wir-)müssen besuchen zu die Familie
Wir müssen die Familie besuchen.

No debes hacerlo.
nicht (du-)darfst machen-es
Du darfst das nicht tun.

Deber hat neben „müssen" auch die Bedeutung „sollen" und „dürfen". *Deber* als Vollverb bedeutet „(jemandem etwas) schulden".

¿Cuanto le debo?
wieviel ihm/ihr (ich-)schulde
Wie viel schulde ich Ihnen?

Poder (können) bedeutet als Hauptwort „Macht".

¡No puedo más!
nicht (ich-)kann mehr
Ich kann nicht mehr!

Aquí no se puede fumar.
hier nicht sich (es-)kann rauchen
Man darf hier nicht rauchen!

Quiero salir al centro.
(ich-)will ausgehen zu-der Zentrum
Ich will ins Zentrum gehen.

Sí, pero nosotros queremos ir a la playa.
ja aber wir(m) wollen gehen zu die Strand
Ja, aber wir *(!)* wollen an den Strand gehen.

Bei einem höflich geäußerten Wunsch benutzt man statt *quiero* die Konjunktivform (Möglichkeitsform) *quisiera* (ich möchte / ich würde gern).

Quisiera ver la habitación.
(ich-)würde-wollen sehen die Zimmer
Ich würde gern das Zimmer sehen.

Quisiéramos ir a casa.
(wir-)würden-wollen gehen zu Haus
Wir würden gerne nach Hause gehen.

Todos saben hablar inglés.
alle (sie-)wissen sprechen englisch
Alle können Englisch sprechen.

Ellos saben jugar bien al fútbol.
sie(m Mz) wissen spielen gut zu-der Fußball
Sie können gut Fußball spielen.

Tengo que ir al médico.
(ich-)besitze dass gehen zu-der Arzt
Ich muss zum Arzt gehen.

Tienes que llamar a tu mamá.
(du-)besitzt dass rufen zu deine Mama
Du musst deine Mutter anrufen.

Rückbezügliche Tätigkeitswörter

Rückbezügliche (reflexive) Tätigkeitswörter haben in der Grundform (Infinitiv) stets die zusätzliche Endung -se („sich"), z. B. lavarse (sich waschen). Bei der Beugung trennt sich -se von der Grundform und wird zu einem selbständigen rückbezüglichen Fürwort der 3. Person, das vor dem Tätigkeitswort steht.

In der 1. und 2. Person benutzt man statt dessen die normalen persönlichen Für- wörter auch im rück- bezüglichen Sinne (also genauso wie im Deutschen).

lavarse *waschen-sich*	sich waschen
me lavo *mich (ich-)wasche*	ich wasche mich
te lavas *dich (du-)wäscht*	du wäscht dich
se lava *sich (er-/sie-)wäscht*	er / sie wäscht sich, Sie *(Ez)* waschen sich
nos lavamos *uns (wir-)waschen*	wir waschen uns
se lavan *sich (sie-)waschen*	ihr wascht euch
se lavan *sich (sie-)waschen*	sie / Sie *(Mz)* waschen sich

Einige Tätigkeitswörter sind im Spanischen rückbezüglich, im Deutschen jedoch nicht.

Me voy.	**Me llamo …**	**¡Cállate!**
mich (ich-)gehe	*mich nenne*	*schweig-dich*
Ich gehe weg.	Ich heiße …	Halt die Klappe!

Das rückbezüglich se wird auch verwendet,
um das unpersönliche „man" auszudrücken.

Se vende souvenirs.
sich (sie-)verkaufen Souvenirs
Man verkauft Souvenirs.

Se habla inglés.
sich (es-)spricht englisch
Man spricht Englisch.

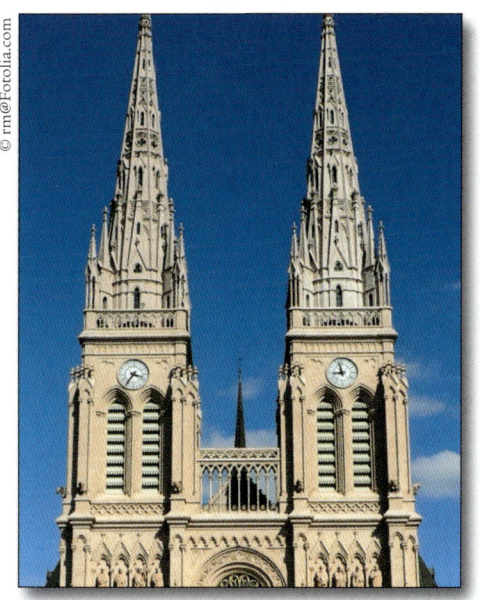

Basilika von Luján, Argentinien

© rm@Fotolia.com

Verhältniswörter

Mit den Verhältniswörtern (Präpositionen) kann man zeitliche und räumliche sowie allgemeine Beziehungen ausdrücken. Sie stehen immer vor dem Haupt- oder Fürwort, auf das sie sich beziehen.

antes de	vor *(zeitlich)*
después de	nach *(zeitlich)*
delante de	vor *(räumlich)*
a, hacia	nach *(räumlich)*
cerca de	nahe bei
lejos de	fern von
con - sin	mit – ohne
junto con	zusammen mit
además de	außer
(en) contra	(da)gegen
de	von, aus *(örtl.)*
debajo de	unter
encima de	über
sobre	auf, über
dentro de	innerhalb von, nach Ablauf von
desde	seit von ... nach
detrás de	hinter
al lado de, junto a	neben *(räumlich)*
de paso	nebenbei
entre	zwischen *(räumlich)*
durante	während *(zeitlich)*
en	in, an, auf
en caso de	im Falle

en cuanto a	bezüglich
frente a	gegenüber
fuera de	außerhalb von
hasta	bis
para	für
más	zuzüglich
por	wegen, durch, für, gegen
que	als, was, dass
según	je nach, laut

Ella se va a Argentina.
sie sich geht zu Argentinien
Sie geht nach Argentinien.

Venimos en una semana.
(wir-)kommen in eine Woche
Wir kommen in einer Woche.

Un regalo para mis hijos.
Ein Geschenk für meine Kinder.

Einige Verhältniswörter verschmelzen mit dem bestimmten männlichen Artikel und bilden folgende Formen:

a + el	*wird zu*	**al** (zum)
de + el	*wird zu*	**del** (vom)

Vamos al centro del pueblo.
(wir-)gehen zu-der Zentrum von-der Dorf
Wir gehen zum Zentrum des Dorfes.

Café con leche pero sin azúcar.
Kaffee mit Milch aber ohne Zucker
Kaffee mit Milch, aber ohne Zucker.

El hotel está detrás del puente.
das Hotel ist hinter von-der Brücke
Das Hotel ist hinter der Brücke.

El puente está delante del hotel.
der Brücke ist vor von-der Hotel
Die Brücke ist vor dem Hotel.

Quiero una habitación cerca del jardín.
(ich-)will eine Zimmer nahe von-der Garten
Ich möchte ein Zimmer nahe dem Garten.

Ella ha viajado desde Lima hasta Santiago.
sie hat gereist von Lima bis Santiago
Sie ist von Lima bis Santiago gereist.

Venimos dentro de un rato.
(wir-)kommen innerhalb von ein Weile
Wir kommen in einer Weile.

Quiero comprar algo para mi mamá.
(ich-)will kaufen etwas für meine Mama
Ich möchte etwas für meine Mutter kaufen.

No he comprado nada además de esto.
nicht (ich-)habe gekauft nichts außer von dies
Außer diesem habe ich nichts gekauft.

Bindewörter

Die Bindewörter (Konjunktionen) werden im Prinzip wie im Deutschen benutzt.

o - y	oder – und
pero - entonces	aber – dann
aunque	obwohl
porque	weil
si	wenn, falls; ob
cuando	wenn *(zeitl.)*, als
para	um zu
sino	sondern
que	welche(r,-s); dass

Si mañana sale el sol voy a la playa.
wenn morgen (sie-)rauskommt der Sonne (ich-)gehe an die Strand
Wenn morgen die Sonne scheint, gehe ich an den Strand.

¿Qué te parece si vamos al cine?
was dir (es-)scheint wenn (wir-)gehen zu-der Kino
Was hältst du davon, wenn wir ins Kino gehen?

„das" oder „dass"?

Das spanische Wort que dient sowohl als Relativpronomen (wie in „der Mann, der / welcher ...", „die Frau, die / welche ...") als auch als das allgemeine, Nebensätze einleitende Bindewort „dass". Anders als die deutschen Relativpronomen ist das spanische que unveränderlich (auch bezüglich Ein- und Mehrzahl).

Esta es la camisa que quiero comprar.
diese (sie-)ist die Hemd welche (ich-)will kaufen
Dies ist das Hemd, das ich kaufen will.

Pienso que ella es una chica muy linda.
(ich-)denke dass sie ist eine Mädchen sehr schöne
Ich denke / finde, dass sie ein sehr schönes Mädchen ist.

© Lee Torrens@Fotolia.com

Wache am Präsidentenpalast, Buenos Aires, Argentinien

Zahlen & Zählen

Die Zahlen unterscheiden sich nicht von den in Spanien gebräuchlichen.

Grundzahlen

Uno (eins) wird vor einem männlichen Hauptwort zu un und vor einem weiblichen zu una. Das gilt auch bei Zusammensetzungen (21, 31 usw.).

0	cero	10	diez
1	uno / una	11	once
2	dos	12	doce
3	tres	13	trece
4	cuatro	14	catorce
5	cinco	15	quince
6	seis	16	dieciséis
7	siete	17	diecisiete
8	ocho	18	dieciocho
9	nueve	19	diecinueve

20	veinte	60	sesenta
30	treinta	70	setenta
40	cuarenta	80	ochenta
50	cincuenta	90	noventa

Die zusammengesetzten Zehnerzahlen werden aus dem Zehner, dem Wörtchen y (und) und der Einerzahl gebildet. Nur die zusammengesetzten Zahlen von 11 bis 19 und 21 bis 29 haben Sonderformen.

21	**veintiuno**	26	**veintiséis**
22	**veintidós**	27	**veintisiete**
23	**veintitrés**	28	**veintiocho**
24	**veinticuatro**	29	**veintinueve**
25	**veinticinco**		

treinta y tres
dreißig und drei
dreiunddreißig

cuarenta y dos
vierzig und zwei
zweiundvierzig

Die zusammengesetzten Hunderter werden mit Grundzahl und cientos *(m)* bzw. cientas *(w)* je nach Geschlecht des Hauptwortes gebildet. Ausnahmen sind 500, 700 und 900.

Steht ciento *allein vor einem Hauptwort, wird es zu* cien *verkürzt.*

100	**cien(to)**	800	**ochocientos**
200	**doscientos**	900	**novecientos**
300	**trescientos**	1000	**mil**
400	**cuatrocientos**	2000	**dos mil**
500	**quinientos**	3000	**tres mil**
600	**seiscientos**	10.000	**diez mil**
700	**setecientos**	1.000.000	**un millón**

**tres millones setecientos noventiséis
mil ochocientos cuarenta y dos**
*drei Millionen sieben-hunderte neunzig-sechs
tausend acht-hunderte vierzig und zwei*
3.796.842

Bruchzahlen	
medio	halb
un cuarto	ein viertel
dos tercios	zwei drittel

Ordnungszahlen

Die Ordnungszahlen richten sich wie Eigenschaftswörter in Zahl und Geschlecht nach dem Hauptwort, auf das sie sich beziehen. Vor weiblichen Hauptwörtern wird -o deshalb zu -a. Ordnungszahlen stehen in der Regel vor dem Bezugswort.

primero	erster	**séptimo**	siebter
segundo	zweiter	**octavo**	achter
tercero	dritter	**noveno**	neunter
cuarto	vierter	**décimo**	zehnter
quinto	fünfter	**último**	letzter
sexto	sechster		

Vor männlichen Hauptwörtern entfällt das -o von primero *und* tercero.

onceavo, décimo primero *zehnter erster*	elfter
catorceavo, décimo cuarto *zehnter vier*	vierzehnter
más - menos *mehr – weniger*	plus – minus
(ante)(pen)último	(vor)(vor)letzter

la segunda calle
die zweite Straße
die zweite Straße

el último día
der letzte Tag
der letzte Tag

el primer piso
die erste Etage

el tercer viaje
die dritte Reise

Zeit & Datum

Die Wörter für Zeitangaben werden wie im Deutschen angewendet.

allgemeine Zeitangaben	
anteayer	vorgestern
ayer	gestern
antes - ya	vorher – schon
hace un rato	vor einer Weile
hace mucho tiempo	vor langer Zeit
hace poco tiempo	vor kurzer Zeit
hoy	heute
ahora	jetzt, gleich
todavía no, aún no	noch nicht
en un mes	in einem Monat
luego - después	später – nachher
mañana	morgen
pasado mañana	übermorgen
ahora, en seguida	jetzt, sofort
pronto	bald
luego	dann
a veces	manchmal
muchas veces	oft
siempre - nunca	immer – nie
noche	Nacht
tarde	Nachmittag, spät
temprano	früh
semana	Woche
el día	Tag
el mes - el año	Monat – Jahr

Uhrzeit

Für die Uhrzeit wird das 12-Stunden-System benutzt, manchmal mit dem Zusatz a. m. für „vormittags" bzw. p. m. für „nachmittags / abends".

de la mañana	vormittags
de la tarde	nachmittags
de la noche	abends, nachts

¿Qué hora es?
was Stunde (sie-)ist
Wie spät ist es?

¿Cuánto tiempo?
wieviel Zeit
Wie lange?

Bei allen Stundenangaben wird der weibliche Artikel gebraucht, da hora (Stunde, Uhrzeit) ein weibliches Hauptwort ist.

Es la una de la tarde.
(sie-)ist die eine von die Nachmittag
Es ist 13 Uhr.

Son las nueve de la mañana.
(sie-)sind die neun von die Morgen
Es ist 9 Uhr morgens.

Nur bei 1 Uhr wird der Artikel in der Einzahl gebraucht (la), sonst heißt es las.

y	*und*	nach
cuarto	*vierter*	viertel
para / menos	*für / weniger*	vor
media	*halbe*	halb
segundo		Sekunde
minuto		Minute

Son las cinco y media.
(sie-)sind die fünf und halb
Es ist 5 Uhr 30 / 17 Uhr 30.

Son las once y veinte.
(sie-)sind die elf und zwanzig
Es ist 11 Uhr 20 / 23 Uhr 20.

Son veinte (minutos) para las cuatro.
(sie-)sind zwanzig (Minuten) für die vier
Es ist zwanzig (Minuten) vor vier.

Im Süden wird **Son las tres menos cuarto.**
mehr das menos *(sie-)sind die drei minus viertel*
(minus) benutzt. Es ist 2 Uhr 45 / 14 Uhr 45.

Son las ocho menos cinco.
(sie-)sind die acht minus fünf
Es ist 7 Uhr 55 / 19 Uhr 55.

mediodía	zwölf Uhr mittags
medianoche	Mitternacht

Bei der Frage nach einem Zeitpunkt („um wie viel Uhr?") verwendet man das Verhältniswort a, das dann in der Antwort wiederholt wird.

¿A qué hora sale el avión?   **A las dos.**
zu was Stunde abfährt der Flugzeug *zu die zwei*
Wann fliegt das Flugzeug ab?   Um zwei.

Vengo a las diez.
(ich-)komme zu die zehn
Ich komme um zehn.

Wochentage

los días de la semana *die Tage von die Woche*	die Wochentage
lunes	Montag
martes	Dienstag
miércoles	Mittwoch
jueves	Donnerstag
viernes	Freitag
sábado	Samstag
domingo	Sonntag

Alle Wochentage und Monatsnamen sind männlich.

El viernes no tengo tiempo.
der Freitag nicht (ich-)besitze Zeit
Am Freitag habe ich keine Zeit.

Monate

los meses	die Monate
enero	Januar
febrero	Februar
marzo	März
abril	April
mayo	Mai
junio	Juni
julio	Juli
agosto	August
septiembre	September
octubre	Oktober
noviembre	November
diciembre	Dezember

Jahreszeiten

las estaciones	die Jahreszeiten
la primavera	Frühling
el verano	Sommer
el otoño	Herbst
el invierno	Winter

Datum

Beim Datum wird nur der Erste eines Monats als Ordnungszahl angegeben, ansonsten werden die Grundzahlen verwendet. Die Jahreszahl wird als Tausender (mil) angegeben.

¿Qué fecha tenemos?
was Datum (wir-)besitzen
Welches Datum haben wir?

Hoy es el primero de mayo de dos mil doce.
heute ist der erste von Mai von zwei tausend zwölf
Heute ist der 1. Mai 2012.

Tenemos el cuatro de enero.
(wir-)besitzen die vier von Januar
Wir haben den vierten Januar.

Maße & Mengenangaben

Die Bezeichnungen für Mengenangaben und Maße stimmen mit den in Spanien gebräuchlichen überein.

un centímetro	ein Zentimeter
un metro	ein Meter
un kilómetro	ein Kilometer
cien gramos	hundert Gramm
un kilo	ein Kilo(gramm)
medio kilo	ein halbes Kilo(gramm)
un litro	ein Liter
una botella	eine Flasche
un paquete	ein Paket
una docena	ein Dutzend
una porción	eine Portion

Das Hauptwort, auf die sich die Mengenangabe bezieht, wird mit de (von) nachgestellt.

medio kilo de papas
halbes Kilo von Kartoffeln
ein halbes Kilo Kartoffeln

una botella de vino blanco
eine Flasche von Wein weiß
eine Flasche Weißwein

© HBC, Corporacion

Lamas im Andenhochland, Chile

Kurz-Knigge

Der größte Teil der Lateinamerikaner ist römisch-katholisch, häufig aber auch sehr abergläubisch. Das hat zum Teil andere und sehr konservative Moral- und Wertvorstellungen zur Folge. Mit dem Verhalten eines „wohlerzogenen Europäers" kommen Sie allerdings sicherlich gut zurecht. Also: höflich sein, grüßen, „ordentliche" Kleidung tragen und auf keinen Fall nackt baden.

Frauen sollten eine gewisse Distanz zu Männern halten und sich von ihnen nicht einladen lassen. Wenn Sie eine Auskunft brauchen, fragen Sie besser andere Frauen. Nicht „sparsam" kleiden: ein fehlender BH oder enge Kleidung provozieren Reaktionen, die unangenehm sein können. In den Hauptstädten ist es nicht so schlimm.

Lateinamerikaner sind unpünktlich, aber nicht verantwortungslos, und haben eine grundsätzlich freundlich-offene Haltung. Jedoch reagieren sie oftmals sehr impulsiv. Gastfreundschaft ist ernst gemeint, ein kleines Gastgeschenk kommt gut an. Man sollte etwas mit auf die Reise nehmen.

Ihnen dürfte die Esskultur der Lateinamerikaner gefallen. Da das Essen eine besondere Bedeutung hat, nimmt man sich viel Zeit für Zubereitung und Verzehr. Dazu kommt, dass zu den Mahlzeiten ein großer Teil der Familie beisammen ist.

Sie sollten keine Kräuter oder Ähnliches mit über die Grenze nehmen, um Drogenverdacht zu vermeiden, und lieber auch keine politische Literatur.

In Lateinamerika gibt es sehr viel Armut. Dies führt zu hohen Raten an Raub, Diebstahl und anderen Arten der Kriminalität. Sie sollten Schmuck und Geld nicht auffällig zeigen. Reisen Sie möglichst nicht allein.

Wenn Sie unfreundlich als gringo behandelt werden, so erklären Sie, dass Sie kein US-Amerikaner sind. Allerdings gelten diese nur als die „prototypischen" gringos – letztlich werden aber alle Weißen aus dem Norden in diese Schublade gepackt. Möglicherweise kann Ihnen als Deutscher ähnliches auch mit „Nazi" passieren.

In Lateinamerika „redet" man nicht nur mit dem Mund, sondern mit dem ganzen Körper.

Die Lateinamerikaner sehen alles viel lockerer und nehmen es mit der Wahrheit nicht so genau: ein qué lindo (wie schön) muss z. B. in den Anden nichts zu sagen haben.

Die Doppelmoral ist auch ein Zeichen dafür. Kleine Korruptionen im Alltag, die man selbst begeht, werden als nicht schlimm angesehen. Was jedoch die anderen machen, das ist schlimm!

Grüßen & Verabschieden

Um mit Menschen Kontakt aufzunehmen, sind die Grußworte wichtig, denn vor allem mit Freundlichkeit kann man als Fremder Auskunft und Hilfe bekommen. Der bekannteste und gebräuchlichste Gruß ist ¡Hola!, mit dem Sie jeden anreden können, es sei denn, Sie wollen bestimmten Personen besondere Höflichkeit erweisen. Hier ist dann eher ein ¡Buenas! angebracht. Je nach Tageszeit und Anlass sagt man:

Mit einem Smartphone können Sie sich die mit einem 🎧 gekennzeichneten Sätze dieses Kapitels anhören. Scannen Sie einfach den QR-Code mit Hilfe einer kostenlosen App (z. B. „Barcoo" oder „Scanlife").

¡Buenos días!	Guten Morgen!, Guten Tag!
¡Buenas tardes!	Guten Nachmittag!, Guten Abend!
¡Buenas noches!	Guten Abend!, Gute Nacht!
¡Buenas!	Guten ...! *(abgekürzt und allgemein)*
🎧 **¡Bienvenido/-a!**	Willkommen!

🎧 ¡Bienvenido! *sagt man zu einem Mann,* 🎧 ¡Bienvenida! *zu einer Frau.*

Zum Abschied sagt man:

🎧 **¡Buena suerte!**	Viel Glück!
🎧 **¡Buen viaje!**	Gute Reise!
🎧 **¡Chao!**	Tschüss!
🎧 **¡Hasta luego!**	Bis später!
🎧 **¡Hasta mañana!**	Bis morgen!
🎧 **¡Adiós!**	Lebewohl! *(höflicher)*
zu-Gott	

Bitten, Danken, Wünschen

Jede Art von „bitte" wird mit por favor ausge-
drückt, außer die Antwort auf „danke".

bitten, danken

🔊 **Por favor ...**
durch Gefallen
Bitte ...

🔊 **(Muchas) gracias.**
(viele) Danke
(Vielen) Dank.

Antworten auf „Danke":

🔊 **De nada.**
von nichts
Keine Ursache.

🔊 **No hay de qué.**
nicht es-gibt von was
Nicht der Rede wert.

wünschen

🔊 **¡Felicidades!**
Glückwünsche
Alles Gute! *(zum Geburtstag)*

sich entschuldigen

🔊 **Disculpa.**
Entschuldige.

🔊 **Disculpe.**
Entschuldigen Sie.

🔊 **Lo siento (mucho).**
es (ich-)fühle (viel)
Tut mir (sehr) Leid.

🔊 **Perdón.**
Entschuldigung.

Anrede

Da die Südamerikaner auf ihren Status einigen Wert legen, ist bei folgenden Anreden und bei älteren Leuten die „Sie"-Form anzuwenden:

señor	Herr
señora	Frau
señorita	Fräulein
don ...	Herr ... (+ Vorname)
doña ...	Frau ... (+ Vorname)
maestro/-a (m/w)	Meister/in, Schullehrer/in
jefe	Chef

© Macchiato86@Fotolia.com

Eine Ikono Lateinamerikas: der Che

Floskeln

Hier die wichtigsten Floskeln, mit denen man schon ein bisschen „small talk" üben kann.

🔊 **¿Cómo estás?**
wie (du-)bist
Wie geht's?

🔊 **Más o menos, ¿y tú?**
mehr oder weniger und du
Es geht, und dir?

🔊 **¡Que te vaya bien!**
dass dir (es-)gehe gut
Mach's gut!

🔊 **Igualmente.**
gleichfalls
Gleichfalls.

🔊 **¿Permiso?**
Gestatten?

Permiso sagt man auch, wenn man kurz den Tisch oder Raum verlässt.

🔊 **¡Adelante! / ¡Pase!**
Herein! *(oder Antwort auf „Gestatten?")*

Wenn man vorgestellt wird, sagt man:

🔊 **¡Encantado/-a!**
entzückt(m/w)
Sehr erfreut!
(sagt Mann / Frau)

🔊 **¡Mucho gusto!**
viel Gefallen
Sehr erfreut!

🔊 **¡Salud!**
Gesundheit! *(zum Nieser)*,
Prost! *(als Trinkspruch)*

Das erste Gespräch

Wer sich im Ausland befindet, wird zu Anfang eines Gespräches meistens mit den gleichen Fragen konfrontiert.

Hier ein typisches erstes Gespräch zum gegenseitigen Kennenlernen.

Mit einem Smartphone können Sie sich die mit einem  gekennzeichneten Sätze dieses Kapitels anhören.

❡ **¡Hola!, ¿cómo estás?**
hallo wie (du-)bist
Hallo, wie geht's dir?

❡ **Bien, gracias, ¿y tú?**
gut danke und du
Gut, danke, und dir?

❡ **También bien.**
auch gut
Auch gut.

❡ **¿Cómo te llamas?**
wie dich (du-)rufst
Wie heißt du?

❡ **Vicente, ¿y tú?**
Vicente, und du?

❡ **María.**
María.

❡ **¿De dónde eres?**
von wo (du-)bist
Woher kommst du?

❡ **De Alemania.**
von Deutschland
Aus Deutschland.

❡ **¿Y qué haces aquí?**
und was (du-)machst hier
Und was machst du hier?

❡ **Ver y conocer tu país.**
sehen und kennenlernen dein Land
Dein Land sehen und kennen lernen.

Das erste Gespräch

¿Te gusta?
dir (es-)gefällt
Gefällt es dir?

Sí, es muy lindo.
ja (es-)ist sehr schön
Ja, es ist sehr schön.

¿Qué haces esta tarde?
was (du-)machst diese Nachmittag
Was machst du heute Nachmittag?

Todavía no tengo nada planeado.
noch nicht (ich-)besitze nichts geplant
Ich habe noch nichts geplant.

¿Qué te parece si te enseño el museo contemporáneo?
was dir (es-)scheint wenn dir (ich-)zeige das Museum zeitgenossisch
Was hältst du davon, wenn ich dir das zeitgenössische Museum zeige?

© HBC, Gaston Oyarzun

In der Atacama-Wüste, Chile

Unterwegs

Mit Bahn, Bus und dem eigenen Auto kommen Sie vorwärts. Langstreckenbusse fahren hauptsächlich vom örtlichen Busbahnhof ab. Nicht nur in Spitzenzeiten, wie Karneval, Ostern, Weihnachten usw., sind die Busfahrer oftmals übermüdet. Zu diesen Zeiten ereignen sich viele Busunglücke.

Mit einem Smartphone können Sie sich die mit einem 🎧 gekennzeichneten Sätze dieses Kapitels anhören.

mit öffentlichen Verkehrsmitteln

el precio, el arriendo	Preis, Miete
el auto, carro, coche	Auto
el autobús, bus	Bus
la guagua (*Cub*)	Bus
la buseta (*Col*), **el mini**, **el micro** (*And*)	kleinerer Bus
el por puesto (*Ven*), **la liebre** (*Chi*), **el colectivo** (*Süd*)	Kleinbus
el camión, **la camioneta** (*Chi*)	LKW
la camioneta (*Car*)	Lieferwagen, Pick-up
el autoferro	Schienenbus
el auto de alquiler, **el autocar**	Mietwagen
la bicicleta / la moto	Fahrrad / Motorrad
el chofer	Chauffeur
el taxi	Taxi

Achtung: In den Andenländern dagegen bedeutet guagua *„Baby" (Quechua-Lehnwort).*

Unterwegs

el teleférico	Drahtseilbahn
el avión (la avioneta)	(Klein-)Flugzeug
el aeropuerto	Flughafen
el vuelo	Flug
el barco, el buque	Schiff
el bote, la lancha	Boot
el ferry	Fähre
el puerto	Hafen
el tren	Zug
el metro	Metro
la parada de bus	Bushaltestelle
la estación (de ferrocarril)	Bahnhof
el viaje	Reise
la taquilla, boletería	Fahrkartenschalter
el pasaje, el ticket, el boleto, el billete	Fahrkarte
la rebaja, el descuento	Ermäßigung
ida y vuelta	hin und zurück
sólo ida	nur hin
la salida, la partida	Abfahrt
la llegada	Ankunft
agotado, acabado	ausverkauft
lleno	voll
el revisor, inspector	Schaffner
la clase	Klasse
el asiento, puesto	Sitz, Platz
la ventana, la ventanilla	Fenster(chen)
el equipaje	Gepäck
la mochila, el morral	Rucksack
la maleta, la valija	Koffer

(in)directo	(in)direkt
despacio, lento	langsam
(des)ocupado	(un)besetzt
prohibido	verboten
privado	privat
rápido	schnell

esperar	warten, hoffen
asegurar	versichern
entrar	reingehen
regresar	zurückkommen
preguntar	fragen
alquilar, arrendar	mieten

🔊 **¿Hay descuento para estudiantes?**
es-gibt Diskont für Studenten
Gibt es Ermäßigung für Studenten?

🔊 **¿Dónde está la próxima parada?**
wo (sie-)ist die nächste Haltestelle
Wo ist die nächste Haltestelle?

🔊 **¿Cuánto cuesta un taxi hasta ...?**
wieviel (er-)kostet ein Taxi bis
Wie viel kostet ein Taxi nach ...?

🔊 **¿Cuántas paradas son hasta ...?**
wieviele(w) Haltestellen (sie-)sind bis
Wie viele Haltestellen sind es bis ...?

🔊 **¿Para este metro en ...?**
(sie-)hält dieser Metro in
Hält diese Metro in ...?

🔊 **¿Cuándo sale el bus a …?**
wann (er-)hinausgeht der Bus zu
Wann fährt der Bus nach … ab?

🔊 **¿(Dónde) tengo que cambiar de metro / bus?**
(wo) (ich-)besitze dass wechseln von Metro / Bus
(Wo) muss ich umsteigen?

🔊 **He tenido un accidente.**
(ich-)habe gehabt ein Unfall
Ich hatte einen Unfall.

🔊 **Por favor, quiero un pasaje sólo de ida a …**
durch Gefallen (ich-)will ein Fahrkarte nur von Hinfahrt zu
Ich möchte bitte eine Hinfahrkarte nach …

Die folgenden Formulierungen bedeuten alle „trampen“:

pedir cola	*bitten Schlange*
hacer dedo	*machen Finger*
hacer auto stop	*machen Auto stopp*

im eigenen Auto

el peaje	Autobahngebühr
la gasolinera, la bomba *(Car)*	Tankstelle
el accidente (de tránsito)	(Verkehrs-)Unfall
el taller	Werkstatt
el garaje	Garage

remolcar	abschleppen
grúa	Abschleppwagen
eje	Achse
empujar	anschieben
tubo de escape	Auspuff
batería	Batterie
gasolina	Benzin
frenos *(Mz)*	Bremsen
líquido de frenos	Bremsflüssigkeit
agua destilada	destilliertes Wasser
empaquetadura, empacadura	Dichtung
gasoil	Diesel
repuesto	Ersatzteil
chasis	Fahrgestell
acelerador	Gaspedal
velocidad limitada	Geschwindigkeits-begrenzung
transmisión, diferencial	Getriebe
bombillo	Glühbirne
cables *(Mz)*	Kabel
carrocería	Karosserie
correa	Keilriemen
maletera	Kofferraum
radiador	Kühler
embriague	Kupplung
volante, manubrio	Lenkrad
luces *(Mz)*	Lichter
dinamo	Lichtmaschine
aire	Luft
máquina	Maschine
mecánico	Mechaniker

alquilar, arrendar	mieten
motor	Motor
capó	Motorhaube
aceite	Öl
pinchazo avería	Panne
bomba	Pumpe
recibo	Quittung
rueda	Rad
llanta, caucho	Reifen
reparación	Reparatur
tanque de reserva	Reservekanister
cambios *(Mz)*	Schaltung
vidrios *(Mz)*	Scheiben
manguera	Schlauch
llaves *(Mz)*	Schraubenschlüssel
destornillador	Schraubenzieher
fusibles *(Mz)*	Sicherung
espejo	Spiegel
amortiguador	Stoßdämpfer
parachoques *(Mz)*	Stoßstange
corriente	Strom
puerta	Tür
accidente, choque	Unfall
ventilador	Ventilator
carburador	Vergaser
seguro	Versicherung
distribuidor	Verteiler
gato	Wagenheber
agua	Wasser
taller	Werkstatt
herramientas *(Mz)*,	Werkzeug
bujía	Zündkerze

🎵 **¿Cuándo está listo?**
Wann ist es fertig? *(das Auto)*

in der Stadt

la avenida (principal)	(Haupt-)Allee
pueblos jóvenes *(Per)*	Armenviertel
la extranjería	Ausländeramt
la autopista	Autobahn
la carretera	Autostraße
la biblioteca	Bibliothek
la cuadra, el bloque	Block
la embajada	Botschaft
la librería	Bücherladen
el pueblo	Dorf, Volk
la esquina	Ecke
la galería (de arte)	(Kunst-)Galerie
el callejón	Gasse
la capital	Hauptstadt
la casa	Haus
en la ciudad	in der Stadt
el cine	Kino
el kiosco, la bodega, la tienda	Kiosk, Laden
la iglesia	Kirche
el consulado	Konsulat
el mercado, la feria	Markt
el museo	Museum
público	öffentlich
el parque, el jardín	Park, Garten
la plaza, zócalo *(Mit)*	Platz
el público	Publikum
la agencia de viajes	Reisebüro

la villa miseria *(Süd)*	Slum
estera *(Per)*,	Slum, Hütte
rancho *(Car)*	
el bloque	Sozialbau
zona *(Bol)*	Stadtteil
el barrio (pobre)	Stadtteil (arm)
la calle	Straße
el teatro	Theater
cruzar	überqueren
la universidad	Universität
la lavandería,	Waschsalon,
l a tintorería	Reinigung
el camino	Weg
la urbanización	Wohnbezirk
el edificio,	Wohnhaus, Gebäude
la residencia	
el zoológico	Zoo

🗩 **¿Cómo llego al teatro nacional?**
wie (ich-)ankomme zu-der Theater national
Wie komme ich zum Nationaltheater?

🗩 **¿Dónde hay una lavandería?**
wo es-gibt eine Wäscherei
Wo gibt es einen Waschsalon / Wäscherei?

🗩 **¿Dónde está la calle ...?**   🗩 **¿Está lejos?**
wo (sie-)ist die Straße   *(es-)ist weit*
Wo ist die ...-Straße?   Ist es weit?

🗩 **¿Es peligroso pasear por allí?**
(es-)ist gefährlich spazieren durch dort
Ist es gefährlich, dort spazieren zu gehen?

¿Hay un colectivo al zoológico?
es-gibt ein Kollektiv zu-der Zoo
Gibt es einen Kleinbus zum Zoo?

¿De dónde sale?   ### ¿Donde lo puedo tomar?
von wo (er-)abfährt   *wo ihn (ich-)kann nehmen*
Wo fährt er ab?   Wo kann ich ihn nehmen?

¿Cuál es el precio normal?
welcher ist der Preis normal
Wie hoch ist der normale Preis?

Auf dem Lande

Mit einem Smartphone können Sie sich die mit einem 🎵 gekennzeichneten Sätze dieses Kapitels anhören.

Wer vorhat, das Land mit Wanderschuhen zu erkunden, sprich zu trekken, der sollte sich langsam an die Höhe gewöhnen, um nicht an der Höhenkrankheit (soroche) zu erkranken.

Hier die wichtigsten Landschaftsbezeichnungen zwischen Bergen, Urwald und Küste.

el árbol	Baum
la montaña, el cerro	Berg
la punta de la montaña	Bergspitze
la flor	Blume, Blüte
el médano, la duna	Düne
la hacienda	Farm
el campo	Feld, Land
las vacaciones	Ferien
el llano	Flachland
el río	Fluss
la cordillera, la sierra	Gebirgskette
peligro	Gefahr
la pampa	Grasebene
la meseta	Hochebene
el altiplano	Hochland
la cueva	Höhle
la cabaña	Hütte
la isla	Insel
la costa	Küste
el mar / la ola	Meer / Welle
la planta	Pflanze
la sombra	Schatten

la piscina	Schwimmbecken
el lago, la laguna	See
la salida del sol, el aurora *(w)*	Sonnenaufgang
la puesta del sol, el crepúsculo	Sonnenuntergang
el paseo	Spaziergang
la playa / la arena	Strand / Sand
el valle	Tal
el animal	Tier
la selva	Urwald
cuidado	Vorsicht
el volcán	Vulkan
el bosque	Wald
la catarata, el salto, la cascada	Wasserfall

el norte	Norden
el sur	Süden
el este, el oriente	Osten, Orient
el oeste, el occidente	Westen, Okzident

bajar	absteigen, hinabgehen
tomar un baño *nehmen ein Bad*	baden
bañar	
subir	(ein)steigen, hinaufgehen
peligroso	gefährlich
caminar, pasear	gehen, spazierengehen
nadar	schwimmen
tomar sol *nehmen Sonne*	sich sonnen
contaminado	verschmutzt

🎵 **Hace calor.**   🎵 **Hace frío.**   🎵 **Hace fresco.**
(es-)macht Hitze (es-)macht kalt (es-)macht frisch
Es ist heiß.   Es ist kalt.   Es ist frisch.

🎵 **¿Conoce Usted un guía para la selva?**
(er-/sie-)kennt Sie ein Führer für die Urwald
Kennen Sie einen Führer für den Urwald?

🎵 **¿Cómo se llama este río y este salto?**
wie sich (er-)ruft dieser Fluss und dieser Wasserfall
Wie heißt dieser Fluss und dieser Wasserfall?

🎵 **¿Hay animales peligrosos?**
es-gibt Tiere gefährliche
Gibt es gefährliche Tiere?

🎵 **¿Dónde puedo hacer un paseo por aquí?**
wo (ich-)kann machen ein Spaziergang durch hier
Wo kann ich hier einen Spaziergang machen?

🎵 **¿Me puedo bañar en este río?**
mich (ich-)kann baden in dieser Fluss
Kann ich in diesem Fluss baden?

Übernachten

Sie müssen beim wilden Campen mit Ge-fahren von Tieren und Menschen rechnen. Versuchen Sie daher, bei vertrauenswürdigen Menschen oder auf Campingplätzen (fast nur im Süden) Ihr Zelt aufzuschlagen oder Ihre Hängematte aufzuhängen.

Mit einem Smartphone kön-nen Sie sich die mit einem 🎧 gekennzeichneten Sätze dieses Kapitels anhören.

el baño	Bad
la cama	Bett
el cubrecama, la sábana	Bettlaken
la cobija, la frazada *(And)*	Decke
depositar	deponieren
la ducha	Dusche
libre	frei
el terreno de acampar	Grundstück zum Campen
la toalla	Handtuch
el hotel, el hostal *(Per, Bol)*	Hotel
la habitación	Hotelzimmer
la información	Information
la almohada	Kopfkissen
el paño	Lappen
con desayuno	mit Frühstück
el mosquitero	Moskitonetz
la posada *(Ven)*	Pension
la pensión (residencial)	Pension

el puesto	Platz
el precio	Preis
limpiar	sauber machen
dormir*	schlafen
dormitorio	Schlafzimmer
la llave	Schüssel
el jabón	Seife
el alojamiento	Unterkunft
asegurar	versichern
la ropa	Wäsche
lavar	waschen
el agua (w)	Wasser
la tienda de campaña, la carpa	Zelt
el cuarto, la pieza	Zimmer, Raum

🔊 **¿Conoce Usted un hotel barato?**
(er-/sie-)kennt Sie ein Hotel billig
Kennen Sie ein preiswertes Hotel?

🔊 **¿Dónde hay un terreno de acampar?**
wo es-gibt ein Terrain von kampieren
Wo gibt es einen Campingplatz?

🔊 **¿Puedo acampar en su terreno?**
(ich-)kann kampieren in sein/ihr Terrain
Kann ich auf Ihrem Grundstück zelten?

🔊 **¿Puedo colgar mi hamaca en sus árboles?**
(ich-)kann aufhängen meine Hängematte in seine/ihre Bäume
Kann ich meine Hängematte in Ihre Bäume hängen?

❧ **¿Tiene una habitación libre?**
(er-/sie-)besitzt eine Zimmer frei
Haben Sie ein Zimmer frei?

❧ **¿Puedo ver la pieza?**
(ich-)kann sehen die Zimmer
Kann ich das Zimmer sehen?

❧ **Sólo para esta noche.**
Nur für diese Nacht.

❧ **Disculpe la molestia.**
(er-/sie-)entschuldige die Belästigung
Entschuldigen Sie die Störung.

Haus

el baño, el waterclo	Bad, WC
la cama	Bett
el cuadro	Bild
el comedor	Esszimmer
el pasillo	Flur
el jardín	Garten
en la casa	im Haus
el patio	Innenhof
la vela	Kerze
el huerto	Kleingarten, Obst- und Gemüsegarten
la cocina	Küche, Herd
la nevera, la heladera	Kühlschrank
la lámpara	Lampe
la luz	Licht

Übernachten

el dormitorio	Schlafzimmer
el sillón, la butaca	Sessel
la silla	Stuhl
la terraza	Terrasse
la mesa	Tisch
la escalera, la escala	Treppe
la puerta	Tür
la sala	Wohnzimmer
el cuarto, la pieza	Zimmer, Raum

Familie

la familia	Familie
bebé, nene, guagua *(And)*	Baby
el padre, el papá	Vater
la madre, la mamá	Mutter
el hermano	Bruder
la hermana	Schwester
el hijo - la hija	Sohn – Tochter
el tío - la tía	Onkel – Tante
el sobrino - la sobrina	Neffe – Nichte
el suegro	Schwiegervater
la suegra	Schwiegermutter
el yerno	Schwiegersohn
la nuera	Schwiegertochter
el nieto - la nieta	Enkel – Enkelin
abuelo - abuela	Opa – Oma
bisabuelo - bisabuela	Uropa – Uroma
tatarabuelo	Ururopa
tatarabuela	Ururoma
tatara-tatara...	Ururur...

joven - viejo	jung – alt
la joven	Junge, Mädchen
muchacho, chico, niño	Junge
muchacha, chica, niña	Mädchen
chango, changuito	Kind, Junge *(Bol)*
sardino - sardina	Junge – Mädchen *(Kol)*
la chola	bolivianische Indígena-Frau
la imilla	junge bolivianische Indígena-Frau
el viejo	Alter
el negro	Schwarzer
el blanco	Weißer
el moreno	Farbiger

In Peru steht cholo bzw. chola für an die spanische Kultur assimilierte indígenas sowie für gemischtrassige Menschen (mit indigenem Anteil). Heutzutage wird dies auch als ironische Selbstbezeichnung für einen „echten Peruaner" verwendet.

© Linda Meyer@Fotolia.com

Am Strand von Punta Cana, Dominikanische Republik

Essen & Trinken

Essen & Trinken

Am besten sprechen Sie den Kellner oder die Kellnerin mit señor bzw. señora / señorita an.

la fuente de soda	Imbiss-Restaurant
el chifa *(Per)*	China-Lokal *(in Peru sehr häufig)*
el restaurante	Restaurant
el menú, la carta	Speisekarte
el mozo, garzón	Kellner
mesonero/-a	Kellner/in
pagar	bezahlen
la cuenta	die Rechnung

comer	essen
la comida	das Essen
el desayuno	Frühstück
el almuerzo	Mittagessen
la merienda, la once *(Chi)*	Nachmittagsbrot, Vesper
la cena	Abendessen
la entrada	Vorspeise
el (primer) plato	(erster) Teller
la sopa	Suppe
el postre	Nachtisch

el cuchillo	Messer
el tenedor	Gabel
la cuchara	Löffel
la cucharilla	Teelöffel

caliente	heiß	**Geschmack**
tibio	lauwarm	
frío	kalt	
hervido	gekocht	
frito	gebraten	
rico, sabroso	wohlschmeckend	
recomendable	empfehlenswert	

¡Buen provecho!	**¡Buen apetito!**
Guten Appetit!	Guten Appetit!

trinken & Getränke

beber	trinken
tomar	nehmen, trinken
la bebida	Getränk
el vaso	Glas
la taza	Tasse
la garrafa, la jarra	Kanne
el agua potable	Trinkwasser
el agua mineral, l a soda	Mineralwasser
el té	Tee
el café negro	Kaffee schwarz
sin azúcar	ohne Zucker
con (mucha) leche	mit (viel) Milch
el cacao	Kakao
el hielo	Eis
la botella	Flasche
la chicha *(Per)*	Maisbier der Indígenas
la chicha *(Ven)*	Reismilch
la chicha *(Chi)*	Federweißer

la cerveza	Bier
el vino tinto	Rotwein
el vino blanco	Weißwein
el pisco (sour)	peruanisches Nationalgetränk
el singani	Weintraubenschnaps
el té de mate *(And)*	Mate-Tee
el jugo de ...	...-Saft
el agua de coco (con carne)	Kokosnusswasser (mit Kokosfleisch)
la batida, la merengada *(Ven)*	Milchshake
la gaseosa, el refresco	Sprudel (mit Geschmack)

Fisch

el pez	(lebender) Fisch
el pescado	(gefangener) Fisch
la ostra	Auster
la trucha	Forelle
el cazón, tiburón	Hai
el cangrejo	Taschenkrebs, Krabbe
el camarón	Garnele
la langosta	Languste
las almejas	Muscheln
la piraña	Piranha
el pescado de agua salada	Salzwasserfisch
el pescado de agua dulce	Süßwasserfisch
el calamar	Tintenfisch

Fleisch

la carne de ...	...-Fleisch
... cerdo	Schweine...
... ternero	Kalbs...
... pollo	Hähnchen...
... pato	Enten...
el hígado, la pana *(Chi)*	Leber
el corazón	Herz
la salchicha	Würstchen
el jamón	Schinken
el caldo de gallina	Hühnersuppe
el anticucho	Rinderherzspieß

Grundnahrungsmittel, Gemüse

la palta, el aguacate	Avocado
el coliflor	Blumenkohl
los frijoles, los porotos *(Chi)*, las caraotas *(Ven)*	Bohnen
el pan (integral)	(Vollkorn-)Brot
el huevo	Ei
la verdura	Gemüse
el pepino	Gurke
la avena	Hafer
las papas	Kartoffeln
el queso	Käse
el repollo	Kohl
la lechuga	Kopfsalat
el berro	Kresse

el zapallo, la calabaza	Kürbis
las lentejas	Linsen
el maíz, el choclo *(And)*, **el jojoto** *(Car)*	Mais
la acelga	Mangold
la zanahoria	Mohrrübe
la pasta, los espaguetis, los fideos *(Süd)*	Nudeln
sin carne	ohne Fleisch
la tortilla	Omelett
los palmitos	Palmenherzen
las papas fritas	Pommes frites
el arroz	Reis
la betarraga, la remolacha	Rote Bete
la ensalada m(mixta, surtida)	Salat (gemischt)
la espinaca	Spinat
la batata, el camote	Süßkartoffel
vegetariano	vegetarisch
el trigo	Weizen
la cebolla	Zwiebel

Gewürze

la mantequilla	Butter
el vinagre	Essig
los condimentos	Gewürze
la miel	Honig
el ajo	Knoblauch

el comino	(Kreuz-)Kümmel
la margarina	Margarine
la mayonesa	Mayonnaise
el aceite	Öl
el orégano	Oregano
el ají	Peperoni, Chili; Paprika *(Arg)*
el perejil	Petersilie
pimienta	Pfeffer
la sal	Salz
ácido - dulce	sauer – süß
picante	scharf
el cebollín	Schnittlauch
la mostaza	Senf
la salsa de ... (tomate / soya)	...-Soße (Tomaten- / Soja-)
la canela	Zimt
el limón	Zitrone
el azúcar	Zucker

Früchte, Süßigkeiten

la piña	Ananas
la manzana	Apfel
el albaricoque, el damasco *(Chi)*	Aprikose
la banana	Banane
el banano	Bananenbaum
los tostones	Bananenchips
la pera	Birne
el caramelo, la caluga *(Chi)*	Bonbon

la chirimoya	Cherimoya
la fresa	Erdbeere
el maní	Erdnüsse
la fruta	Frucht
la ensalada de frutas	Fruchtsalat
el raspado	geraspeltes Eis mit geliertem Überguss
la toronja, el pomelo	Grapefruit
la guayaba	Guave
la hamburguesa	Hamburger
el melón	Honigmelone
el perro caliente *der Hund heiß*	Hot dog
la goma de mascar, el chicle	Kaugummi
las galletas	Kekse
la cereza	Kirsche
el plátano, el cambur	Kochbanane
el coco	Kokosnuss
la torta *(Chi)*	Kuchen
el pastel	Kuchenstück
la mandarina	Mandarine
el mango	Mango
la parchita	Maracuja
las nueces	Nüsse
la naranja	Orange
la papaya	Papaya
el panqueque	Pfannkuchen
el durazno	Pfirsich
la ciruela	Pflaume
las cotufas, el pochoclo *(Arg)*	Popcorn

el membrillo	Quitte
el chocolate	Schokolade
el helado	Speiseeis
la guanábana	Stachelannone
la sandía, la patilla	Wassermelone
el limón	Zitrone

Typische Gerichte

cazuela *(Chi)*	Eintopf mit „allem"
pastel de choclo *(Chi)*	Maisauflauf
pabellón criollo *(Ven)*	Reis, schwarze Bohnen, Fleisch und Bananen
paella, **arroz a la valenciana**	Paella (Reisgericht)
anticuchos *(Per)*	Rinderherzspieß
empanadas	gefüllte Mais- oder Weizentaschen
arepas	Maisbrötchen
cebiche, ceviche	pikant eingelegter roher Fisch
palta rellena, **aguacate relleno**	(gefüllte) Avocados
parrilla mixta	gemischtes Fleisch vom Grill
locro *(And)*	Kartoffelsuppe

¿Qué recomienda?
was (er-/sie-)empfiehlt
Was empfehlen Sie?

¿Qué es eso?
was (es-)ist dieses
Was ist das?

🎵 **Yo quiero tomar vino.**
ich (ich-)will nehmen Wein
Ich möchte Wein trinken.

🎵 **Yo quiero comer ...**
ich (ich-)will essen
Ich möchte ... essen.

🎵 **Por favor, no muy picante.**
durch Gefallen nicht sehr scharf
Bitte nicht zu scharf.

🎵 **¡Buen provecho!**   **¡Salud!**
guter Nutzen   *Gesundheit*
Wohl bekomm 's!   Prost!
Guten Appetit!

🎵 **Señor / señora / señorita, la cuenta, por favor.**
Herr / Frau / Fräulein die Rechnung durch Gefallen
  Herr Ober / Fräulein, die Rechnung, bitte.

© HBC, FranciscoTagini

Jakobsmuscheln ganz frisch, Chile

Kaufen & Handeln

In Südamerika ist das Handeln, abgesehen von den eher wenigen modernen Geschäften, üblich. Dazu gehört vor allem Ruhe und Gelassenheit, Freundlichkeit und Verständigungsbereitschaft. Sie sollten sich gewisse Preiskenntnisse aneignen, aber auch akzeptieren, dass jeder Käufer nach seinem Geldbeutel bezahlen muss. Deshalb versteht sich von selbst, dass Sie nicht mit dem Protzgehabe und der Überheblichkeit eines Gringos (oder auch Europäers) auftreten. Sollten Sie sich nicht einigen können, so seien Sie gelassen genug, auf die Sache zu verzichten. Meistens läuft Ihnen der Händler hinterher und macht noch ein besseres Angebot. Im Landesinneren ist Tauschen manchmal möglich.

Mit einem Smartphone können Sie sich die mit einem ♪ gekennzeichneten Sätze dieses Kapitels anhören.

el precio (fijo)	(fester) Preis
probar	anprobieren
encargar	bestellen
ofrecer	bieten
la rebaja	Ermäßigung
exportar	exportieren
la fábrica	Fabrik
el color	Farbe
la ganga, la oferta	Gelegenheitskauf, Angebot
negocio, la tienda	Geschäft
el comercio	Handel
comerciar	handeln

abierto	geöffnet
cerrado	geschlossen
hecho a mano	handgemacht
importar	importieren
la industria	Industrie
comprar	kaufen
el comprador	Käufer
la artesanía	Kunsthandwerk
hacer	machen
la marca	Marke
más - menos	mehr – weniger
la cantidad	Menge
la imitación,	nachgemacht,
bamba *(Per)*	Imitation
sólo ver	nur sehen
precolombino	präkolumbianisch
barato	preiswert
la calidad	Qualität
cachina *(And)*	Second-Hand
muy caro	sehr teuer
el impuesto	Steuer
cambiar	tauschen
negociar	verhandeln
vender	verkaufen
el vendedor	Verkäufer
mucho	viel

¿Cuánto cuesta?
wieviel (es-)kostet
Wie viel kostet es?

Waren

la joya	Schmuck
el oro - la plata	Gold – Silber
la piedra preciosa	Edelstein
la cerámica	Keramik
la lana de alpaca	Alpakawolle
el algodón	Baumwolle
el cuero	Leder
la piel	Fell, Haut
la calabaza (tallada)	Kürbis (geschnitzt)
las telas	Stoffe
el chinchorro, la hamaca	Hängematte
la ropa	Wäsche
el poncho, la ruana	Poncho
la camisa	Hemd
el vestido	Kleid
el la falda	Rock
el sombrero	Hut
la gorra	Mütze
la madera	Holz
la máscara	Maske
la pintura	Gemälde, Farbe
el hueso	Knochen
el fósil	Fossil
los zapatos	Schuhe
las sandalias	Sandalen
la cartera	Tasche
el instrumento (musical)	Musikinstrument

¿Cuánto cuesta este / esta ...?
wieviel kostet dieser / diese
Wie viel kostet dieser / diese / dieses ...?

Quiero comprar algo ...
(ich-)will kaufen etwas
Ich möchte etwas ... kaufen.

¡Es muy caro!
(es-)ist sehr teuer
Das ist sehr teuer!

Soy estudiante y no tengo dinero.
(ich-)bin Student und nicht (ich-)besitze Geld
Ich bin Student und habe kein Geld.

Quiero probar este / esta ...
(ich-)will probieren dieser / diese
Ich möchte diesen / diese ... anprobieren.

¿Quiere cambiar conmigo esto por esto?
(er-/sie-)will wechseln mit-mir dies für dies
Wollen Sie mit mir tauschen, dies gegen dies?

¿Me lo da más barato?
mir es (er-/sie-)gibt mehr billig
Geben Sie es mir billiger?

¿Dónde está hecho esto?
wo (es-)ist gemacht dieses
Wo ist das gemacht worden?

Fotografieren

Zum Fotografieren von Personen oder deren Besitz holen Sie sich besser deren Einwilligung, bevor Sie ein blaues Wunder erleben. Fotografieren Sie auf keinen Fall Militär, Polizei, Kasernen und ihre Bereiche!

cámara	Fotoapparat
cámara digital	Digitalkamera
cámara de video	Videokamera
objetivo	Objektiv
flash (*m*)	Blitz(licht)
tripié (*m*), **trípode** (*m*)	Stativ
película, rollo	Film
rollo en color	Farbfilm
foto (*w*), **fotografía**	Foto
diapositiva	Dia
sacar / tomar / hacer una foto	fotografieren
filmar	filmen
revelar	entwickeln
chip de memoria	Speicherchip
negativo	Negativ
copia	Abzug

🎗 **¿Permiso, puedo fotografiar su casa?**
Erlaubnis (ich-)kann fotografieren sein/ihr Haus
Erlauben Sie, darf ich Ihr Haus fotografieren?

🎗 **Puede tomarnos una foto?**
(er-/sie-)kann nehmen-uns eine Foto
Könnten sie ein Foto von uns machen?

Krank sein

Um lästigen Darminfektionen vorzubeugen, sollte man darauf achten, alle Speisen nur gekocht zu sich zu nehmen. Auch Speiseeis kann zu einer Darminfektion führen! Vor allem sollte man kein Wasser aus der Leitung trinken und auch nicht in Form von Eiswürfeln zu sich nehmen.

el doctor – la doctora	Arzt – Ärztin
el médico de guardia	der Notarzt
llamar	(an)rufen
necesitar	benötigen
la farmacia	Apotheke
los medicamentos	die Medikamente
la clínica, el hospital	Krankenhaus
el diagnóstico	Diagnose
el tratamiento	Behandlung
el certificado	Bescheinigung
la infección	Infektion
la salud	Gesundheit
el enfermo // la enferma	(der / die) Kranke
la droga	Droge
la inyección	Spritze
la fractura	Knochenbruch
la alergia	Allergie
la insolación	Sonnenstich
la presión	Blutdruck
la circulación	Kreislauf
la gripe	Grippe

la tos	Husten
el resfriado, el catarro	Erkältung
la fiebre	Fieber
la diarrea	Durchfall
la obstrucción	Verstopfung
el dolor de ...	...-Schmerzen
la pierna	Bein
la cabeza	Kopf
el brazo	Arm
el estómago	Magen
vomitar	erbrechen
el mareo	Übelkeit
la cólera	Cholera
diarrea	Durchfall
la malaria	Malaria
el tifus	Typhus
la fiebre amarilla	Gelbfieber
la picada de insecto	Insektenstich
la picada de culebra	Schlangenbiss
peligroso	gefährlich
importante	wichtig
urgente	eilig, dringend
el tranquilizante	Beruhigungsmittel
el desinfectante	Desinfektionsmittel
las pastillas	Tabletten, Pastillen
las gotas	Tropfen
la ambulancia	Rettungswagen
el accidente	Unfall
la herida	Wunde
los nervios	Nerven
los músculos	Muskeln
la Cruz Roja	das Rote Kreuz
mal de altura, soroche	Höhenkrankheit

🔊 **Necesito unas gotas contra el dolor de ...**
(ich-)brauche einige Tropfen gegen der Schmerz von
Ich benötige einige Tropfen gegen die
...-Schmerzen.

🔊 **¡Por favor, llame un médico!**
durch Gefallen (er-/sie-)rufe ein Arzt
Bitte rufen Sie einen Arzt!

🔊 **¿Dónde le duele?**   🔊 **¡Me duele aquí!**
wo ihm/ihr (es-)schmerzt *mir (es-)schmerzt hier*
Wo tut es Ihnen weh?   Hier tut es weh!

Die Arztrechnungen müssen Sie bar bezahlen. Lassen Sie sich eine Quittung für die Versicherung geben, denn ohne diese werden Sie
keine Kosten erstattet bekommen.

🔊 **Necesito un recibo y un certificado de
diagnóstico para mi seguro.**
*(ich-)brauche ein Quittung und ein Zertifikat von
Diagnose für meine Versicherung*
Ich benötige eine Quittung und ein Attest
für meine Versicherung.

Ämter & Behörden

Meiden Sie nach Möglichkeit die Behörden. Denn obwohl gut gekleidete Europäer, die höflich auftreten, oftmals mehr erreichen als Einheimische, wird der Behördenbesuch meist zur Tortur. Des öfteren werden „Bittsteller" von Pontius zu Pilatus geschickt oder mit einem Wust von Formularen vergrault. Bürokratie und Überheblichkeit sind besondere Merkmale der Behörde, nicht nur in Südamerika.

la solicitud	Antrag
la extranjería	Ausländeramt
el ministro del exterior	Außenminister
el funcionario (público)	Beamter (öffentlich)
necesitar	benötigen, brauchen
la reclamación	Beschwerde
la embajada	Botschaft
el alcalde	Bürgermeister
la alcaldía	Bürgermeisteramt
la oficina de ...	...-Büro
urgente	eilig
la autorización	Genehmigung
el gobernador	Gouverneur
el ministro del interior	Innenminister
el consulado	Konsulat
el ministro	Minister
el abogado	Rechtsanwalt
importante	wichtig
aduana	Zoll

In ganz Lateinamerika blüht die Korruption. Trotzdem versuchen Sie bitte nie, einen Beamten zu bestechen! Wappnen Sie sich mit viel Geduld und vergessen Sie nicht: „Der Chef hat immer Recht."

¿Qué necesito?
was (ich-)benötige
Was benötige ich?

Ausfüllen von Formularen

la dirección	Adresse
la edad	Alter
la salida	Ausreise, Ausgang
el carnet	Ausweis
la profesión	Beruf
el certificado	Bescheinigung
la fecha	Datum
registrar	durchsuchen, eintragen
la entrada	Einreisen (Eingang)
el pasaje	Fahrkarte
el vencimiento	Fälligkeit
el apellido	Familienname
el estado civil	Familienstand
el boleto de viaje	Flugticket
la licencia de conducir	Führerschein
el nacimiento	Geburt
la razón / duración del viaje	Grund / Dauer der Reise
la validez	Gültigkeit

la vacunación	Impfung
el país	Land
el número	Nummer
el lugar	Ort
el pasaporte	Pass
la identificación	Personalien
la religión	Religion
el estado	Staat, Bundesland
la nacionalidad	Staatsangehörigkeit
la ciudad	Stadt
el carnet de estudiante	Studentenausweis
la firma	Unterschrift
la prórroga	Verlängerung
la visa	Visum
el nombre	Vorname
el domicilio	Wohnort

🔊 **¿Me sustituyen el daño?**
mir (sie-)ersetzen der Schaden
Ersetzt man mir den Schaden?

🔊 **Quiero hablar con el jefe.**
(ich-)will sprechen mit der Chef
Ich möchte mit dem Chef sprechen.

🔊 **Quiero prorrogar mi visa.**
(ich-)will verlängern meine Visum
Ich möchte mein Visum verlängern lassen.

🔊 **¿Cuáles documentos necesito?**
welche Dokumente (ich-)brauche
Welche Dokumente benötige ich?

🗲 **No he sabido nada sobre esto.**

nicht (ich-)habe gewusst nichts über dieses

Ich habe nichts darüber gewusst.

🗲 **¡Es de uso personal!**

(es-)ist von Gebrauch persönlich

Das ist für den Eigenbedarf!

🗲 **¿Me puede dar un recibo?**

mir (er-/sie-)kann geben ein Quittung

Können Sie mir eine Quittung geben?

bei der Polizei

Bei Dokumentenverlust oder wenn Sie eine Diebstahlbescheinigung für Ihre Reiseversicherung benötigen, ist eine Visite bei der Polizei unumgänglich.

la denuncia	Anzeige
denunciar	anzeigen
los documentos	Dokumente
detenido	festgenommen
el monedero	Geldbeutel
el rolo	Knüppel
la maleta,,la valija	Koffer
el cuchillo	Messer
el oficial	Offizieller (Polizei)
la pistola	Pistole
la policía / el policía	Polizei / Polizist
la comisaría, la jefatura	Polizeirevier
el robo	Raub, Diebstahl

Ein sogenannter „Offizieller" ist ein Repräsentant der öffentlichen Ordnung, also ein Polizist.

el ladrón,	Räuber
las llaves	Schlüssel
el soldado	Soldat
el toque de queda	Sperrstunde
el palo	Stock
la patrulla	Streife
la cartera	Tasche
el asalto, el atraco	Überfall
el delincuente	Verbrecher
la violación	Vergewaltigung
el seguro	Versicherung
el guardia, el militar	Wache, Militär
los pacos (Chi, Car), los canas (Arg)	„Bullen"
los milicos (And)	Militär (abfällig)

🔊 **Me han robado.**
mir (sie-)haben gestohlen
Ich wurde bestohlen.

Finden Sie sich damit ab, dass Ihnen Gestohlenes nicht wiederbeschafft werden kann.

🔊 **¡Soy alemán/-a!**
(ich-)bin deutsch(m/w)
Ich bin Deutsche/r!

🔊 **¡Por favor, ayuda!**
durch Gefallen Hilfe
Helfen Sie mir bitte!

🔊 **Quiero registrarme.**
(ich-)will registrieren-mich
Ich möchte mich registrieren lassen.

🔊 **¡Yo soy inocente!**
ich bin unschuldig
Ich bin unschuldig!

🔊 **¡Yo no he hecho nada!**
ich nicht (ich-)habe gemacht nichts
Ich habe nichts getan!

Bank & Post

Geld wechseln und Reiseschecks tauschen kann man bei Banken, Wechselstuben, in großen Hotels und privat. Es ist von Vorteil, US-Dollars mitzunehmen, da diese überall getauscht werden.

Bank

Wechselstuben bieten in der Regel den besten Kurs und sind meistens länger geöffnet als Banken. Außerdem gibt es heute fast überall Geldautomaten. Dort sollte man aber Vorsicht walten lassen – es kommt immer wieder zu Raubüberfällen nach dem Geldabheben auf offener Straße. Sicherer sind eventuell Geldautomaten innerhalb von Banken und Supermärkten.

el dinero (efectivo)	Bargeld
la sucursal	Filiale
el formulario	Formular
el cajero automático	Geldautomat
cobrar	kassieren
el sencillo, el cambio	Klein-, Wechselgeld
la tarjeta de crédito *die Karte von Kredit*	Kreditkarte
las monedas	Münzen
la clave	Pinnummer
el recibo, el comprobante	Quittung
el cheque viajero *der Scheck Reise-*	Reisescheck
los billetes	Scheine
la transferencia, el giro	Überweisung
el curso de cambio / cambiario	Wechselkurs *der Kurs von Wechsel*
cambiar	wechseln, tauschen
la central	Zentrale

🔊 **Quiero cambiar dinero.**
(ich-)will wechseln Geld
Ich möchte Geld wechseln.

🔊 **¿A cómo está el cambiario?**
zu wie (er-)ist der Wechselkurs
Wie ist der Wechselkurs?

🔊 **Quiero cobrar este cheque.**
(ich-)will kassieren dieser Scheck
Ich möchte diesen Scheck einlösen.

Post

Ist der Inhalt für ein Paket nach Europa nicht für den persönlichen Gebrauch deklariert, werden Einfuhrsteuern wie für Handelswaren erhoben.

la carta	Brief
la estampilla	Briefmarke
urgente - importante	eilig – wichtig
la carta certificada	Einschreiben
el franqueo	das Porto
franquear	frankieren
por avión, aéreo	Luftpost
el paquete	Paket
la oficina de correos	Postamt
la postal	Postkarte
enviar, mandar	senden
el sello, el timbre	Stempel
cosas personales	persönliche Sachen

Telefon, Fax & Internet

Der Fortschritt macht auch in Lateinamerika keinen Halt. An fast jeder Ecke ist das Wort „Internet" zu lesen. Die sogenannten Internet-Cafés bieten meistens einen guten Service. Hier können Sie Ihre digitalen Urlaubsgrüße versenden. Mittlerweile werden auch Telefonanrufe über das Internet angeboten – sehr günstig. Ich empfehle, wenn möglich, Prepaid-Telefonkarten zu kaufen. So kann man entspannt aus dem Hotel oder von privat telefonieren. Weiterhin gibt es deutsche Telekommunikationsunternehmen, die günstige Einwahlnummern für das Ausland mit Zahlung in Deutschland anbieten.

🔊 **¿Dónde hay un teléfono?**
wo es-gibt ein Telefon
Wo gibt es ein Telefon?

🔊 **¿Dónde puedo telefonar / llamar al exterior?**
wo (ich-)kann telefonieren / rufen zu-das Ausland
Wo kann ich ins Ausland telefonieren?

🔊 **¿Con quién hablo?**
mit wer (ich-)spreche
Mit wem spreche ich?

🔊 **Aquí ...**
hier
Hier spricht ...

🔊 **Quiero hablar con el señor / la señora ...**
(ich-)möchte sprechen mit der Herr / die Frau
Ich möchte Herrn / Frau ... sprechen.

Telefon, Fax & Internet

🐚 **Por favor, ¿está ...?**
durch Gefallen (er-/sie-)ist
Ist ... da?

🐚 **Voy a llamar más tarde.**
(ich-)gehe zu rufen mehr spät
Ich rufe später nochmal an.

🐚 **Disculpe, me he equivocado.**
(er-/sie-)entschuldige mich (ich-)habe geirrt
Entschuldigung, ich habe mich verwählt.

🐚 **¿Cuánto cuesta mandar un fax para Alemania?**
wieviel (es-)kostet senden ein Fax für Deutschland
Wie viel kostet es, ein Fax nach Deutschland zu senden?

tarjeta telefónica internacional	internationale Telefonkarten
tarjeta prepago	Prepaid-Karte (für Mobiltelefone)
tarjeta prepago para teléfonos públicos	Prepaid-Karte für öffentliche Telefone
teléfono de monedas	Münztelefon
celular, móvil	Mobiltelefon
telefonear, llamar	telefonieren

🐚 **¿Tiene Winzip para (de)comprimir archivos?**
(er-)besitzt Winzip für (de)komprimieren Dateien
Haben Sie Winzip, um Dateien zu (de)komprimieren?

🔊 **¿Cuánto cuesta la hora?**
Wie viel kostet die Stunde? *(im Internet surfen)*

🔊 **¿Tiene antivirus actualizado?**
(er-/sie-)besitzt Antivirus aktualisiert
Haben Sie die neueste Antivirus-Version?

🔊 **¿Tiene máquina para cartuchos zip?**
(er-/sie-)besitzt Maschine für Disketten zip
Haben Sie ein Zip-Laufwerk?

FTP: Abkürzung
für „file transfer
protocol"

🔊 **¿Puedo hacer FTP de unos archivos?**
(ich-)kann machen FTP von einige Dateien
Kann ich den FTP-Zugang nutzen?

la página web	Website
dirección e-mail	E-mail-Adresse
archivo, documento	Datei
navegar, surfear	surfen
cámara digital	Digitalkamera
enviar	versenden
bajar	herunterladen
instalar el software	Software installieren
se cayó / colgó / guindó el sistema	das System ist abgestürzt
la computadora, el PC	Computer, PC
el teclado	Tastatur
el maus	Maus
el disket	Diskette
la máquina zip	Zip-Laufwerk
quemador de CDs	CD-Brenner
el servidor	Server

Sex, Drugs & Rock'n Roll

Sex ist allgegenwärtig. Von geschmackvoller Anmache bis hin zu ordinärsten Sprüchen, von zärtlichem Glück bis Prostitution kann man alles erleben. Auch den Diebstahl mit erotischen Lockmitteln.

Sex & Liebe

¡mi amor!	meine Liebe!
¡mi vida!	mein Leben!
¡cariño!	Liebling! *(zum Mann)*
¡mi cielo!	mein Himmel!
guapo / guapa	gut Ausehende/r
lindo / linda	Hübsche/r
besar	küssen
ligar, coquetear	anbändeln, flirten

Lateinamerikaner übertreiben gnadenlos mit Komplimenten.

Está bien buena.
(sie-)ist gut gute
Sie ist lecker.

Estoy enamorado/a de ti.
bin verliebt(m/w) von dich
Ich bin in dich verliebt.

Te quiero / amo.
dich (ich-)will / liebe
Ich mag / liebe dich.

¡Dame un beso!
gib-mir ein Kuss
Gib mir einen Kuss!

Quisiera besarte.
(ich-)würde-wollen küssen-dich
Ich würde dich gerne küssen.

🎵 **¿Quieres salir conmigo?**
(du-)willst herausgehen mit-mir
Willst du mit mir ausgehen?

Quiero hacer el amor contigo.
(ich-)will machen die Liebe mit-dir
Ich möchte mit dir schlafen.

¿Quieres hacer el amor?
(du-)willst machen die Liebe
Willst du mit mir schlafen?

Te extraño mucho.	**Me haces falta.**
dich (ich-)vermisse viel	*mich (du-)machst fehlen*
Ich vermisse dich sehr.	Du fehlst mir.

echar un polvo	abspritzen, bumsen
chupar, lamer	blasen, lecken
preservativos, condón	Kondom
pastilla anticonceptiva	Antibabypille
puta, prostituta	Hure, Prostituierte
gay, maricón	schwul
lesbiana, tortillera	Lesbe
chulo	Zuhälter
sexo	Sex, Geschlecht
embarazada	schwanger
SIDA	Aids

🎵 **Eres el hombre más guapo que he visto.**
(du-)bist der Mann mehr schick dass habe gesehen
Du bist der schickste Mann, den ich je
gesehen habe.

🎵 **Eres la mujer más bella del mundo.**
(du-)bist die Frau mehr schöne von-der Welt
Du bist die schönste Frau der Welt.

🎵 **No quiero.**   🎵 **No tengo ganas.**
Ich will nicht.   Ich habe keine Lust.

🎵 **Déjame en paz.**   **¡Lárgate! / ¡Vete!**
Lass mich in Ruhe.   Hau ab!, Verschwinde!

Drogen

Nun, es liegt auf der Hand, dass in Latein-amerika gutes marihuana und cocaína erhältlich ist. Dennoch wäre es das „Ende", wenn man wegen Drogen mit dem Gesetz in Berührung käme.

In einigen wenigen Ländern kommt es vor, dass die Polizei einem Drogen ins Auto legt (sembrar „pflanzen"), um die „neuen Besitzer" zu erpressen.

hierba, porro, monte	Gras
drogadicto	Drogensüchtiger
mariguanero	Kiffer
narcotraficante	Dealer

Nachtleben

Dass das Nachtleben in Lateinamerika aufreg-end, aber auch gefährlich sein kann, ist kein Geheimnis. Ich empfehle, nachts nicht alleine bzw. ohne ortskundige Person spazieren zu gehen. Einheimische nehmen schon ein Taxi, um nur einen Block weiter zu fahren. Bei der Wahl des Taxis sollten Sie Ihre Menschen-kenntnis schärfen, da hier auch schwarze

Schafe ihr Unwesen treiben. Ansonsten sind Taxifahrer sehr gut informiert, „wo was geht": discoteca, salsateca, club, local, bar, cócteles, piña colada, cuba libre, ron ...

peña *(Per)*, **boliche** *(Bol, Süd)*	Kneipe
antro *(Mex)*	Club, Disco
entradas, cover *(Mex)*	Eintritt
entradas, antojitos *(Mex)*	Vorspeisen
barra	Theke
chica plástica	aufgedonnertes Mädchen
cenicero	Aschenbecher
propina	Trinkgeld
estacionamiento, „playa *(Per)*	bewachter Parkplatz
servicio, baño	Toilette
borracho	betrunken
el borracho	Betrunkener

🎵 **¿Bailamos?**
Tanzen wir?

🎵 **¿Quieres un trago?**
Willst du einen Drink?

🎵 **Me gusta la música aquí, ¿y a ti?**
Mir gefällt die Musik hier, und dir?

🎵 **¿Te gusta el tango, la salsa, el merengue?**
Gefällt dir der Tango, die Salsa, der Merengue?

🎵 **Un cuba libre, por favor.** 🎵 **Para mi también.**
Einen Cuba Libre, bitte.   Für mich auch.

Schimpfen & Fluchen

Sie werden schnell merken, dass Flüche an der Tagesordnung sind und zum Grundwortschatz gehören. Sie sollten einige erkennen können, aber nicht unbedingt anwenden.

¡mierda!	Scheiße!
¡coño!, ¡concha!	Möse! *(wie „Scheiße!" in Deutschland)*
huevón	„Riesenei", Typ
chingón, carnal *(Mex)*	Typ, Macker, Kumpel
huevada, vaina	Sache, Ding
marica, maricón	schwul *(beleidigend, schlimm)*
¡concha / coño de tu madre!	Fotze deiner Mutter! *(sehr gefährliche Beleidigung)*
hijo de puta	Hurensohn! *(sehr gefährlich)*
grosero, vulgar	vulgär
cabrón, pendejo	Gehörnter, Depp
¡no joda! *(Mex)*	fick nicht!
¡no chingues! *(Mex)*	nerv nicht
ladilla *(Ven)*	Filzlaus, Nervensäge
cagón	Hosenscheißer
comemierda	Scheißefresser
tortillera	Lesbe
romper el hocico	die Fresse polieren
culiao *(And)*	Gefickter
joder, chingar, tirar, culear	bumsen

Wenn Sie belästigt werden, sagen Sie einfach
„Lass mich in Ruhe!“:

¡Déjame tranquila!
(sagt eine Frau)

¡Déjame tranquilo!
(sagt der Mann)

¡No me ladilles!
Nerv nicht!

¡Vete pa'l carajo!
Verpiss dich!

¿Estás picao?
Bist du gereizt?

© Franz Spengler@Fotolia.com

Straßenkreuzer und Palme in der Meeresbrise

Zu Hause und unterwegs – intuitiv und informativ

▶ **www.reise-know-how.de**

- **Immer und überall** bequem in unserem Shop einkaufen
- Mit **Smartphone, Tablet** und **Computer** die passenden Reisebücher und Landkarten finden
- **Downloads** von Büchern, Landkarten und Audioprodukten
- Alle **Verlagsprodukte** und **Erscheinungstermine** auf einen Klick
- **Online** vorab in den Büchern **blättern**
- Kostenlos **Informationen**, **Updates** und **Downloads** zu weltweiten Reisezielen abrufen
- **Newsletter** anschauen und abonnieren
- Ausführliche **Länderinformationen** zu fast allen Reisezielen

A Z **Deutsch – Spanisch**

© dimtas@Fotolia.com

■ Strandhändler

Hauptwörter:
Männliche Hauptwörter,
die nicht eine der typisch
männlichen Endungen
(-o, -r, -n oder -l) haben,
sind mit „(m)"
gekennzeichnet.
Ebenso sind weibliche
Hauptwörter, die nicht
eine der typisch
weiblichen Endungen
(-a, -d, -z, -ción, -sión)
haben, mit „(w)"
gekennzeichnet.
Unregelmäßige
Tätigkeitswörter
*sind mit einem ***
gekennzeichnet.
Eigenschaftswörter
werden nur in
der männlichen
Grundform aufgeführt.
Abkürzungen
m *männlich (maskulin)*
w *weiblich (femminin)*
Ez *Einzahl (Singular)*
Mz *Mehrzahl (Plural)*

A

ab a partir de
abbiegen doblar
Abend tarde (w)
Abendessen cena
abenteuer aventura
aber pero
abfahren (von) salir,
  irse (de)
Abfall basura
abfliegen (von)
  salir en avión
abgeben entregar
abhängen depender
ablegen depositar,
  poner
abreisen salir de viaje,
  partir
abschleppen remolcar
Absicht intención
Abteil (Zug) sección
Achtung! ¡atención!,
  ¡ojo!
Adresse dirección
ähnlich parecido
Aids SIDA
Alkohol alcohol
alle todos
allein sólo
alles todo
allgemein en general
als (zeitlich) cuando
also pues
alt viejo
Alter (Lebens-) edad,
  viejo
Ampel semáforo
an en, cerca de
anbieten ofrecer

Andenken recuerdo
anderer otro
Anfang comienzo,
  principio
anfangen comenzar,
  empezar, principiar
angeln pescar
angenehm agradable
Angestellte empleada
Angestellter empleado
Angst (haben)
  (tener) miedo
ängstlich miedoso,
  temeroso
anhalten pararse,
  parar
ankommen (in)
  llegar (a)
Ankunft llegada
anmelden anunciar,
  avisar
anschalten prender,
  encender
ansehen mirar
ansioso sehnsüchtig,
  gierig auf
**anstellen, sich (in
  Schlange)**
  formar fila
Antwort respuesta
antworten contestar,
  responder
Anzeige (Zeitung)
  aviso, anuncio
Anzeige (Polizei)
  demanda
anzeigen anunciar,
  demandar
anziehen (etwas)
  atraer

anziehen, sich vestirse, ponerse (algo)

Anzug traje (m)

Apotheke farmacia

Arbeit trabajo, labor

arbeiten trabajar, laborar

Arbeiter trabajador, obrero

arm pobre

Arm brazo

Art forma de ser

Art und Weise manera

Arzt médico, doctor

Aschenbecher cenicero

auch también

auch nicht tampoco

auf sobre

Aufenthalt demora, estancia, parada

aufhören terminar, parar, acabar

aufpassen cuidar, poner atención

aufräumen arreglar

aufschreiben anotar

aufstehen levantarse

aufwachen despertarse

Aufzug ascensor

aus de, desde

ausdrücken, sich expresarse

Ausflug excursión

Ausfuhr exportación

Ausgang salida

ausgebucht completo

ausgehen salir

ausgezeichnet excelente

Auskunft información, aviso

Ausland exterior

Ausländer extranjero, „gringo", „musiú"

ausländisch extranjero

Ausnahme excepción

ausnutzen aprovechar

ausreichend suficiente

Ausreise salida

ausruhen, sich descansar

ausschalten apagar

Aussicht vista

Aussprache pronunciación

aussteigen bajar

Ausstellung exposición

auswählen elegir

Ausweis documento de identidad, cédula de identidad

Ausziehen (umziehen) mudarse

ausziehen, sich sacarse la ropa, quitarse la ropa, desvestirse

Auto auto, carro, coche (m)

Autobahn autopista

Autokennzeichen chapa, placa, matrícula

Autowerkstatt taller

B

Baby nena, nené, bebé

Bäckerei panadería

Bad baño

Badeanzug/-hose traje de baño

Bademantel bata de baño

baden bañarse

Badewanne bañera

Badezimmer baño

Bahnhof estación

Bahnsteig andén

bald pronto

Banane plátano, cambur (Ven), banano

Bank (Geld) banco

Bank (Sitz-) banco

bar al contado

Bar bar, barra

Bargeld efectivo

Batterie batería, pila

bauen construir

Bauer agricultor, campesino

Baum árbol

Baumwolle algodón

Beamter funcionario, oficial

bedauern lamentar

beeilen, sich apurarse

beeindruckend impresionante

beenden terminar, cortar, acabar

befinden, sich estar, encontrarse

begegnen encontrar

A Z Deutsch – Spanisch

begegnen, sich encontrarse

beginnen comenzar, empezar, pricipiar

begleiten acompañar

begrüßen saludar

behandeln atender, tratar

Behörde(n) administración, oficina pública

bei con

Bein pierna

Beispiel ejemplo

bekannt conocido

bekanntmachen, sich cococerse

bekommen recibir, conseguir, obtener

beleidigen ofender, insultar

bemerken darse cuenta de

benachrichtigen informar, avisar

benutzen usar, utilizar

Benzin gasolina, nafta, combustible

beobachten observar

bequem cómodo

Berg monte, montaña

Beruf profesión

berühmt famoso

berühren tocar

beschäftigt ocupado

Beschwerde reclamo, queja

beschweren, sich quejarse, reclamar

besetzt ocupado

besichtigen visitar

besiegen vencer

Besitzer dueño

besonders especialmente

besser mejor

bestellen pedir, ordenar

Bestellung pedido

bestrafen castigar

Besuch visita

besuchen visitar

betrügen engañar, estafar

betrunken borracho, cuete

Bett cama

Bettlaken sábana

Bettzeug lencería

bevor antes

bevorzugen preferir

bewachen vigilar

bewegen mover

Beweis prueba

bewundern admirar

bezahlen pagar, cancelar

beziehen auf referirse a

Beziehung vínculo, relación

Bier cerveza

Bild cuadro, dibujo, pintura, imaginación

billig barato, económico

Binde (med.) venda

bis (zeitl.) hasta

bisschen un poquito

Bitte ruego

bitte! ¡por favor!

bitten pedir, rogar

bitter amargo

Blatt hoja

bleiben quedarse

Bleistift lápiz (m)

Block (Häuser-) cuadra

blond rubio

Blume flor (w)

Bluse blusa

Boden suelo

Bohne (schwarze) frijol, caraota

Boot lancha, canoa, bote

böse malo

Botschaft (dipl.) embajada

Brand incendio

Braten asado

Brauch costumbre (w)

brauchen necesitar

brechen romper(se)

breit ancho, amplio

Bremsen frenos

brennen quemar

Brief carta

Briefmarke timbre (w), sello, estampilla

Briefumschlag sobre (m)

Brille anteojos (Mz), lentes (Mz)

bringen (her-) traer

bringen (hin-) llevar

Brot pan

Brücke puente (m)

Bruder hermano

Brust (weibl.) seno, teta

Deutsch – Spanisch A–Z

Brustkorb pecho
Buch libro
buchen reservar
Buchhandlung librería
Buchstabe letra
buchstabieren
  deletrear
Bucht bahía
Bügeleisen plancha
bügeln planchar
bunt de colores
Burg castillo
Bürger (Staats-)
  ciudadano
Bürgersteig vereda,
  acera
Büro oficina, despacho
Bürste cepillo
Bus; Kleinbus
  autobus,
  guagua (Cub); micro,
  colectivo, buseta (Col)
Busbahnhof
  central autobusero,
  terminal autobusero
Butter/Fett
  mantequilla, manteca

C

Café bar (m), café,
  cafetin
Chauffeur chofer
Chef jefe, patrón (m)
Chemische Reinigung
  tintorería
Computer
  computadora
Creme crema, loción

D

da allí, allá (aquí, acá)
Dach techo
dafür en favor
dagegen en contra
dahinter atrás
Damenbinde
  toalla sanitaria
damit para que
danach después
danke! ¡gracias!
danken agradecer
dann entonces, luego
darum por eso
das da eso
dass que
Datum fecha
dauern tardar, demorar
Dauerwelle
  permanente
Decke (Bett-) manta,
  cubrecama, frazada
Decke (Zimmer) techo
Deckel tapa
dein(e) tu, tus
Demonstration
  manifestación
denken pensar
Denkmal monumento
denn porque
deshalb por eso,
  por lo tanto
deutsch alemán
Deutsche alemana
Deutscher (alemán)
Deutschland Alemania
Dialekt dialecto
Diät régimen (m)
dick grueso, gordo

Dieb ladrón
Diebstahl robo
diese(r, -s) este / esta
Diesel gas oil (m)
Ding cosa
Diskothek discoteca
Dokument documento
Dolmetscher traductor,
  intérprete (m+w)
doof estúpido
Dorf pueblo, aldea
dort allí, allá
dort hinten en el fondo,
  allá atrás
dorthin por allá,
  hacia allá
draußen afuera
dringend urgente
drinnen adentro
Dschungel jungla, selva
du tú
dumm tonto
dunkel oscuro
dünn delgado, flaco,
  fino
durch por
Durchfall diarrea
dürfen poder, deber
Durst (haben)
  (tener) sed
Dusche ducha

E

echt puro
Ecke esquina
egal (ist mir)
  (me da) igual
Ehe matrimonio
Ehefrau esposa (mujer)

Ehemann esposo (marido)

Ehepaar esposos

Ei huevo

eigen propio

Eigentum propiedad

Eigentümer dueño

Eimer cubo, balde (m)

einander uno al otro

Einbruch robo

einfach simple, fácil

einfarbig unicolor

Einfuhr importación

Eingang entrada

einige algunos (Mz)

einladen invitar

Einladung invitación

einmal una vez

einpacken envolver, empacar

einsteigen, eintreten entrar, subir (z.B. Auto, Zug, Bus etc)

Eintrittskarte entrada, boleto

einverstanden! ¡de acuerdo!

einwandern inmigrar

Einwanderungs- behörde migración

Einwohner habitante (m+w)

einzig único

Eis (gefroren) hielo

Eis (Speise-) helado

Eisenbahn ferrocarril, autoferro

Eiter pus (m)

elektrisch eléctrico

elend miserable

Elend miseria

Eltern padres (m, Mz)

empfangen recibir

empfehlen recomendar

Ende fin

endlich por fin, finalmente

eng estrecho, angosto

englisch inglés

Enkel(in) nieto(-a)

entfernen quitar

Entfernung distancia

entscheiden decidir

entscheiden, sich decidirse

entschuldigen, sich disculparse

Entschuldigung! ¡disculpe!, ¡perdón!

entspannt relajado

enttäuscht desilusionado

er él

erbrechen, sich vomitar

Erde tierra

Erdgeschoss planta baja

Ereignis evento

Erfolg éxito

erfreut encantado

erhalten recibir

erholen, sich descansar, recuperarse

erinnern, sich acordarse, recordar

erkältet sein tener gripe, estar resfriado

erklären explicar

erkundigen, sich informarse

erlauben permitir

Erlaubnis permiso

Ermäßigung descuento, rebaja

erreichen conseguir

Ersatzteil (pieza de) repuesto

erster primero

Erwachsener adulto, mayor

erzählen contar

essen comer

Essen comida

Essig vinagre (m)

Etage piso, nivel

etwa más o menos

etwas algo

euer(e) su

F

Fabrik fábrica

Faden hilo

Fahne bandera

Fähre ferry, transbordador

Fahren conducir, manejar

fahren (allg.) ir

Fahrkarte boleto, pasaje, ticket

Fahrkartenschalter boletería, taquilla

Fahrplan horario, itinerario

Fahrpreis pasaje

Fahrrad bicicleta

Fahrzeug vehículo
Falle trampa
fallen caer
falsch falso,
  equivocado
Familie familia
Familienname apellido
Farbe color
Farbfilm rollo en color
Farm estancia,
  hacienda, hato, finca
fast casi
faul (Obst) podrido,
  descompuesto
faul (träge) flojo
fehlen faltar
Fehler error, falta
Feier fiesta
feiern celebrar, festejar
feilschen negociar,
  regatear
fein fino
Feind enemigo
Feld terreno, campo
Fenster ventana
Ferien vacaciones (Mz)
fern lejos
Fernsehgerät televisor
Fernsehserie
  telenovela, serie
fertig listo
fest firme
Fest (Feier) fiesta
Fett grasa
feucht húmedo
Feuer incendio, fuego
Feuerwehr
  bomberos (Mz)
Fieber fiebre (w)

Film (Kamera)
  (rollo de) película
finden encontrar
Finger dedo
Fisch (lebend) pez (m)
Fisch (Speise-)
  pescado
Flasche botella
Fleisch carne (w)
fleißig trabajador,
  aplicado
fliegen volar
flirten coquetear
Flug vuelo
Flughafen aeropuerto
Flugticket boleto, ticket
Flugzeug avión (m)
Flur pasillo
Fluss río
folgen seguir (*)
Folgen consecuensias
folgend siguiente
Folklore folklore
Formular formulario
Fotoapparat cámara
Fotografie foto (w)
fotografieren tomar/
  sacar una foto
Frage pregunta
fragen preguntar
französisch francés
Frau señora, mujer
Fräulein señorita
frech atrevido
frei libre, desocupado
Freiheit libertad
fremd extranjero
Fremder, Fremde
  desconocido,
  forastero, extraño

Freude alegría
freuen, sich alegrarse,
  encantarse
Freund amigo, novio
Freundin amiga, novia
freundlich amable
Freundschaft amistad
Frieden paz
Friedhof cementerio
frieren tener frío
frisch fresco
Friseur peluquero
Friseursalon
  peluquería
Frisur peinado
fröhlich alegre
Frucht fruta
früh temprano
Frühling primavera
Frühstück desayuno
frühstücken
  desayunar
fühlen sentir
fühlen, sich sentirse
führen guiar
Führer (Touristen-)
  guía turístico
funktionieren andar,
  funcionar
für para, por
fürchten, sich temer
Fuß pie (m)
Fußball fútbol (m)

G

Gabel tenedor
ganz todo, entero
gar nicht por nada
Gardine cortina

Garten jardín (m)
Gas gas
Gasse callejón
Gast invitado, huésped
Gastfreundschaft hospitalidad
Gastgeber(in) anfitrión(a)
Gaststätte restaurante
Gebäck pasteles
Gebäude edificio
geben dar, entregar
Gebirge montaña
geboren nacido
geboren werden nacer
Gebühr arancel, tasa, contribución, tarifa
Geburtstag aniversario, cumpleaños
gefährlich peligroso
gefallen gustar
Gefängnis carcel
Gefühl sentimiento
gefüllt relleno
gegen contra
Gegend región (w), alrededores
gegenüber enfrente de
geheim(nis) secreto
gehen ir, andar, caminar
geizig tacaño
Gelände terreno
Geld plata, dinero
Gelegenheit oportunidad
gemischt mixto
Gemüse verdura, legumbres (Mz)

gemütlich cómodo, acogedor
genau exacto, justo
genießen disfrutar
genug bastante, suficiente
genügend suficiente
Gepäck equipaje (m)
gerade eben recién
geradeaus recto, derecho
Geräusch ruido
gerecht justo
gern con mucho gusto
Geschäft (Laden) negocio, tienda
Geschäftsführer gerente (m+w)
geschehen suceder
Geschenk regalo
Geschichte historia, cuento
Geschirr vajilla
geschlossen cerrado
Geschmack gusto
Geschwister hermanos (m)
Gesellschaft sociedad
Gesetz ley (w)
Gesicht cara
Gespräch conversación
gestern ayer
gestern Abend anoche
gesund sano
Gesundheit salud (w)
Getränk bebida
Gewerkschaft sindicato
Gewicht peso
gewinnen ganar
Gewitter tormenta

gewöhnen, sich acostumbrarse
Gewürz condimento, especies
gibt, es hay
Gift veneno
Giftschlange culebra venenosa
Glas (Material) vidrio
Glas (Trink-) vaso, copa
glatt liso
Glaube fe (w), creencia
glauben creer
gleich igual, mismo
gleich (sofort) en seguida
Glück suerte (w)
glücklich feliz
Glückwunsch felicidades (Mz)
Glühbirne bombillio
Gold oro
Gott diós (m)
Gramm gramo
Grammatik gramática
Gras pasto
gratulieren felicitar
grausam cruel
Grenze frontera
Grill parrilla
Grill (Imbiss) rotisería
Grippe gripe (w)
groß grande
Größe tamaño
größer mayor
Großmutter abuela
Großvater abuelo
großzügig generoso
Grund razón (w)

Gruppe grupo
Gruß saludo
grüßen saludar
gültig válido
Gürtel cinturón
gut bueno, bien

H

Haar cabello, pelo
Haarschnitt corte (m)
haben (besitzen) tener
haben (Hilfsverb) haber
Hafen puerto
Hagel granizo
halb medio
Hälfte mitad
halten sostener
Haltestelle parada
Hammer martillo
Hand mano (w)
Handel comercio
handeln actuar,
    negociar
handgemacht
    hecho a mano
Handtasche cartera
Handtuch toalla
hängen colgar
hart duro
Hase conejo
hässlich feo
Hauptplatz
    plaza mayor,
    zócalo (Mit)
Hauptstadt capital (w)
Haus casa, quinta
Häuserblock cuadra
Hausfrau ama de casa
Hausherr patrón

Hausmeister/in
    conserje (m+w)
heben levantar
Heftpflaster
    cinta adhesiva,
    curita (Ven)
heiraten casarse
heiß caliente
heißen llamarse
Heizung calefacción
helfen ayudar
hell luminoso, claro
Hemd camisa
Herbst otoño
herein! ¡adelante!
Herr señor
Herz corazón
herzlich cariñoso
heute hoy
hier acá, aquí
hierhin acá
Hilfe ayuda
Hinfahrt ida
hinlegen, sich
    acostarse
hinten detrás, atrás
hinter detrás de
Hitze calor
hoch alto
Hochzeit boda,
    matrimonio
Hof patio
hoffen esperar
hoffentlich ojalá
höflich cortés, educado
Höhle cueva
Holz madera
Honig miel
hören oír, escuchar
Hose pantalón

Hotel hotel,
    hospedaje (w)
hübsch lindo, bonito
Hügel cerro
Hund perro
Hunger hambre (m)
hungrig sein
    tener hambre
Hütte rancho,
    estera (And)
Hygiene higiene (w)

I

ich yo
Idee idea
ihr(e) su(s)
Illustrierte revista
immer siempre
impfen vacunar
Impfung vacunación
in en, dentro de
in (Richtung) hacia
Industrie industria
informieren (sich)
    informar(se)
Inhalt contenido
Innenhof patio
innerhalb (zeitl.)
    dentro de
Insekt insecto
Insel isla
interessant interesante
interessieren, sich für
    interesarse por
international
    internacional
inzwischen entretanto
irgendein algún
irren, sich equivocarse

J

ja, einverstanden sí, de acuerdo
Jacke campera, saco, chaqueta, chamarra (Mex)
jagen cazar
Jahr año
Jahreszeit estación
jährlich anual
jeder cada (uno)
jedesmal cada vez
jedoch sin embargo
jemand alguien
jene(r) aquel, aquella
jetzt ahora
Journalist(in) periodista
jung jóven
Junge chico, joven, muchacho, sardino (Col), changuito (Bol)

K

Kaffee café (m)
Kakerlake cucaracha
kalt frío, helado
Kamera cámara fotográfica
kämmen, sich peinarse
kämpfen luchar, pelear
kaputt estropeado, roto, descompuesto
kaputtmachen romper
Karte (Post-) carta
Karte (Land-) mapa (m)
Käse queso

Kasse caja
Kassette casete (m)
kassieren cobrar
kaufen comprar
Kaufhaus centro comercial
kaum apenas
kein ningún
keine ninguna
keiner ninguno
Kellner mozo, camarero
kennen conocer
kennen lernen, sich conocerse
Kerze vela, candela
Kind niño (m), niña (w)
Kino cine (m)
Kirche iglesia
Kiste caja
klar claro
Klavier piano
Kleid vestido
Kleidung ropa, vestido
klein chico, pequeño
Klempner plomero
Klimaanlage aire acondicionado
Klingel timbre
klug inteligente, sabio, avispado
Kneipe taberna, tasca (Ecu), cantina, boliche (Bol), peña (And)
Knoblauch ajo
Knopf botón
kochen (etwas) cocinar (Essen bereiten)

kochen (Wasser) hervir
Kochtopf olla, caserola
Koffer valija, maleta
Kohle carbón
kommen llegar, venir
kommen von/aus provenir
kompliziert complicado
Kondom condón
können poder, saber
Konsulat consulado
kontrollieren controlar
Konzert recital (m), concierto
Kopf cabeza
Kopfsalat lechuga
Korkenzieher destapador, sacacorchos (m)
kosten (Preis) costar, valer
kosten (probieren) probar
kostenlos gratuito, gratis
kotzen vomitar
Kraft fuerza
krank enfermo
Krankenhaus clínica, hospital
Krankenkasse seguro
Krankenschwester enfermera
Krankheit enfermedad
Kravatte corbata
Kreditkarte tarjeta de crédito

Kreuzung cruce, crucero (Mit)

Krieg guerra

Küche cocina

Kuchen pastel, torta

Kugelschreiber bolígrafo

kühl fresco

Kühlschrank nevera, refrigerador

Kunst arte (m)

Kunstgewerbe artesanía

Künstler artista (m)

Kunstwerk obra de arte

Kurve curva

kurz corto

Kuss beso

küssen besar

Küste costa

L

lächeln sonreír

lachen reir

lachen über reirse de

Laden tienda

Lage situación

Lage (geogr.) posición, ubicación

Lager (Zelt-) campamento

Laken sábana

Lampe lámpara

Land país (m)

Landesinnere interior

Landhaus casa de campo

Landkarte mapa (m)

Landschaft paisaje (m)

Landstraße carretera, vía, ruta

Landwirtschaft agricultura

lang largo

langärmelig manga larga

lange Zeit mucho tiempo

längs (entlang) a lo largo

langsam despacio, lento

langweilig aburrido

Lärm ruido

lassen dejar

Lateinamerika América latina

laufen correr

laut (sprechen) alto, con voz alta

leben vivir

Leben vida

Lebensmittel alimentos (Mz)

lecker rico, sabroso

Leder cuero

ledig soltero

leer vacío

legen poner

lehren enseñar

Lehrer(in) maestro (a), profesor (a)

leicht (einfach) fácil

leicht (Gewicht) ligero, liviano

leiden sufrir

leider lamentablemente

leihen, sich (von) prestar (de)

lernen aprender, estudiar

lesen leer

letzter último

Leute la gente (Ez)

Licht luz

Liebe amor

lieben amar

liebenswürdig amable

Lied canción

liegen estar acostado

links izquierda,

links (nach) a la izquierda

Lippenstift pintura de labios, pintura labial

Loch hueco, hoyo, horificio

Löffel cuchara

Lohn (Gehalt) sueldo

Lotto loto, lotería

Luft aire (m)

lügen mentir

Lust haben tener ganas

lustig divertido, alegre, chistoso

M

machen hacer

macht poder

Mädchen chica, muchacha, sardina (Col)

Mal vez (w)

malen (an-) pintar

Maler pintor (m)

man se, uno
Manager(in)
gerente (m+w)
manchmal a veces
Mann hombre (m)
Mantel sobretodo,
abrigo
Markt (super)mercado,
abastecimiento (Süd)
Marmelade
mermelada
Maschine máquina
Mate (Tee)
mate de coca
Medikament medicina,
remedio
Meer mar
Mehl harina
mehr más
mein(e) mi(s)
meinen opinar, pensar
Meinung opinión (w)
Menge cantidad
Mensch hombre (m)
merken, sich
recordarse,
acordar(se)
Messer cuchillo
mieten alquilar, rentar
Milch leche (w)
mindestens
por lo menos
Mineralwasser
agua mineral
Minute minuto
mit con
mitnehmen llevar
Mittag mediodía (m)
Mittagessen almuerzo
Mittagschlaf siesta

Mittagspause pausa
mitteilen comunicar
Mitternacht
medianoche (w)
Möbel muebles (Mz)
Mode moda
modisch de moda
mögen gustar, querer
möglich posible
Monat mes (m)
morgen mañana
Morgen mañana
Moskitonetz
mosquitero
Motor motor
Motorboot lancha
Motorrad moto (w),
motocicleta
müde cansado
Mühe pena
Müll basura
Münze moneda
Muschel concha
Museum museo
Musik música
muss hay que
müssen tener que,
deber
Mutter madre, mamá

N

nach (Richtung) a
nach (zeitlich)
después
Nachbar vecino
Nachmittag tarde (w)
Nachname apellido
Nachricht noticia
nachsehen averiguar

nächster próximo
nächstes Mal
la próxima vez
Nacht noche (w)
Nachtisch postre (m)
nackt desnudo
Nadel aguja , alfiler
Nagel clavo
Nagel (Finger-) uña
nah(e) cerca
nähen coser
Name (Vor-) nombre (m)
nass mojado
Nationalität
nacionalidad
Natur naturaleza
natürlich natural
neben al lado de
nehmen tomar, agarrar,
coger
nein no
nett simpático
neu nuevo
neugierig curioso
nicht no
nicht mehr ya no
nichts nada
niedrig bajo
niemals nunca, jamás
niemand nadie
nirgends
por ningún lado
nirgendwo
en ninguna parte
noch aún, todavía
noch einmal otra vez
Norden norte (m)
normal normal
Notfall
caso de emergencia

notwendig necesario
Nummer número
nur solo, solamente
nutzen servir,
  aprovechar
nützlich útil

O

ob si
oben arriba
Obst fruta
oder o
Ofen (Herd) horno
offen abierto
öffentlich público
öffnen abrir
oft a menudo,
  muchas veces
ohne sin
Ohr oreja
Öl aceite (m)
Oma abuela, abuelita
Omelett tortilla
Onkel tío
Opa abuelo
Ordnung (Un-)
  (des)orden
Organ órgano
organisieren organizar
Ort lugar, ubicación
Osten este (m)
Ostern Pascua

P

Paar pareja
paar (einige) par,
  algunos/-as (m/w)

Päckchen paquetico,
  paquete (m)
Paket paquete (m)
Palast palacio
Panne (Auto) avería
Papier papel
Paprika pimentón
Parfum perfume (m)
Park parque (m)
parken (Auto)
  estacionar
parken (Wagen)
  parquear, aparcar
Parkett (Theater) patio
Parkplatz
  estacionamiento,
  playa (de
  estacionamiento)
  (And)
Pass pasaporte (m)
Passagier pasajero
passieren pasar
Patient(in)
  paciente (m+w)
Pause pausa
Pech malasuerte
pensioniert jubilado
Person persona
Personalausweis
  cédula (de identidad)
Pfanne
  sartén (w, auch: m)
Pfeffer pimienta,
  ají (m)
Pferd caballo
Pflanze planta
Pflaster curita,
  adhesivo
Plan plan

Plastik plástico
Platte disco
Plattenspieler
  tocadiscos (m)
Platz plaza, puesto
Platzkarte reservación
plötzlich de repente
Politik política
Polizei policia
Polizist policía (m)
Post(amt)
  (oficina de) correo(s)
Postkarte tarjeta postal
Praxis (Arzt-)
  consultorio
Praxis (Übung)
  práctica
Preis precio
Presse prensa
privat privado
probieren probar
Problem problema (m)
Programm
  programa (m)
Prospekt
  hoja de información
Prost! ¡chin-chin!,
  ¡salud!
prüfen revisar,
  examinar
Prüfung examen (m)
Pullover suéter,
  chompa
Punkt punto
pünktlich
  puntual(mente)
Puppe muñeca

Q

Qualität calidad
Quantität cantidad
Quatsch tonterias
Quelle fuente (w)
Quittung recibo

R

Rabatt descuento
Rad rueda
Radiergummi
  borradora,
  goma de borrar
Radiogerät radio (w)
Rand borde
rasieren, sich
  afeitarse
Rat(schlag) consejo
raten aconsejar,
  adivinar
Raub robo
rauchen fumar
rauffahren/-gehen
  subir
Raum sala, cuarto,
  habitación
rausgehen salir
rausziehen sacar
rechnen calcular
Rechnung factura,
  cuenta
Recht derecho
rechts a la derecha
rechtzeitig a tiempo
reden hablar
Regen lluvia
Regenschirm
  paragua (m)

Regierung gobierno
registrieren registrar
regnen llover
reich sein ser rico
reif maduro
Reifen llanta,
  neumático, caucho
Reifenwerkstatt
  gomería (Süd),
  cauchera
reingehen entrar
Reis arroz (m)
Reise viaje (m)
Reisebüro
  agencia de viajes
Reiseführer/in
  guía (m+w)
reisen viajar
rennen correr
Reparatur compostura
  (Süd+Mit), reparación
reparieren arreglar,
  reparar
reservieren reservar
Restaurant
  restaurante (m)
Rettungswagen
  ambulancia
Rezept receta
richtig correcto
Richtung dirección,
  rumbo
Ring anillo
Rock falda,
  pollera (Süd)
roh (Speisen) crudo
Rotwein vino tinto
Rückfahrt vuelta,
  regreso
Rückkehr regreso

Rucksack mochila,
  morral (m)
rufen llamar
Ruhe silencio
ruhen descansar
ruhig tranquilo
rund redondo
runtergehen bajar

S

Sache (Ding) cosa
Saft jugo
sagen decir
Sahne (süße) crema
Saison (Hoch-/Neben-)
  temporada (alta/baja)
Salat ensalada
Salbe pomada
Salz sal (w)
sammeln recoger,
  coleccionar
Sammeltaxi
  pesero (Mex),
  por puesto (Ven),
  micro (And),
  liebre (And+Süd)
Sammlung
  colección (w)
Sand arena
satt satisfecho
Satz frase (w)
sauber limpio
säubern limpiar
sauer ácido
Schallplatte disco
scharf (gewürzt)
  picante
scharf (Messer)
  afilado

Schatten sombra

schätzen estimar

schauen mirar

Schaufenster vidriera, vitrina

Schauspiel espectáculo

Scheck cheque (m)

Scheibenwischer limpiaparabrisas (m)

scheinen parecer

Scheinwerfer faro

Scheiße! ¡mierda!

schenken regalar

Schere tijera

Scherz broma

schicken mandar, enviar

Schicksal destino

schießen tirar, disparar

Schiff barco

Schimpfwort grosería

Schirm (Regen-) paraguas (m)

Schirm (Sonne-) sombrilla, parasol (m)

schlafen dormir

Schlafzimmer dormitorio, alcoba, cuarto

Schlag golpe (m)

schlagen pegar, golpear

Schläger (Tennis) raqueta de tenis

Schlagloch hueco, bache

Schlange (Tier) víbora, serpiente

Schlange stehen hacer cola

schlank delgado

schlecht mal

schlechter peor

schließen cerrar

Schloss (Bau) castillo

Schloss (Tür-) cerradura

Schloss (Vorhänge-) candado

Schlucht precipicio, barranco

Schlüssel llave (w)

schmackhaft sabroso, rico

schmecken gustar

Schmerz dolor, pena

schmerzen doler

schminken, sich maquillarse

Schmuck prendas, joyas

schmutzig sucio

Schnaps aguardiente

Schnee nieve (w)

schneiden cortar

schneien nevar

schnell rápido

Schokolade chocolate (m)

schon ya

schön bello, bonito, lindo, hermoso

Schrank armario, aparador, escaparate, placard (Süd)

Schraubenzieher destornillador

schrecklich horrible

schreiben escribir

schreien gritar

Schublade cajón (m), gaveta

Schuh zapato, calzado

Schuld culpa

schuldig culpable

Schule escuela, colegio

Schüler(in) alumno(-a)

schwach débil

schwanger embarazada, preñada

schweigen callar

schwer (Gewicht) pesado

Schwester hermana

schwierig difícil

Schwimmbad piscina

schwimmen nadar

schwindelig mareado

schwitzen sudar, transpirar

See (der) lago

See (die) mar

sehen ver, mirar

Sehenswürdigkeit lugar de interés

sehnsüchtig ansioso

sehr muy

Seide seda

Seife jabón (m)

Seil soga

sein (Verb) ser, estar

seit desde, hace

Seite (Buch) página

Seite (Richtung) lado

Sekunde segundo

selbst mismo

selbstverständlich
por supuesto
selten raro
senden mandar, enviar
setzen, sich sentarse
Shampoo champú (m)
sich se
sicher seguro
sicherlich
seguramente
sie ella, ellos, ellas
Sie Usted, Ustedes
siegen vencer, ganar
Silber plata
singen cantar
Sinn sentido
sitzen estar sentado
Sitzplatz asiento
Ski esquí (m)
Ski fahren esquiar
so así, tan
sofort en seguida
Sohn hijo
solche(r,s) tal
sollen deber
Sommer verano
Sonderangebot oferta
sondern sino
Sonne sol (m)
sonnen, sich
broncearse
Sonnenblume
girasol (m)
sonst noch etwas
algo más
Sorge preocupación
Sorge machen
preocuparse
Soße salsa
soviel tanto

Spanier(in) español(a)
spanisch español
sparen ahorrar
spät tarde
später después
spazieren gehen
pasear
Speise alimento, menú
Speisekarte carta
spenden donar
Spiegel espejo
spielen (Instrument)
tocar
spielen (Spiel) jugar
Spielzeug juguete (m)
sponsoren auspiciar,
patrocinar
Sport deporte (m)
Sportplatz cancha
Sprache idioma (m),
lengua
sprechen hablar
Spritze jeringa
spritzen (med.)
inyectar
Spülmittel
detergente (m)
Staat estado
Staatsangehörigkeit
nacionalidad
Stadt ciudad (w)
Stadtbücherei
biblioteca municipal
Stadtmitte centro
Stadtplan mapa (m)
Stadtteil barrio,
urbanización, zona
stark fuerte
Staubsauger
aspiradora

Steckdose enchufe
Stecker enchufe,
ficha (Süd)
stehen estar de pie,
estar parado
stehen bleiben
detenerse, pararse
stehlen robar
Stein piedra
Stelle (Ort) lugar
stellen (legen) colocar,
poner
Steppe pampa, estepa
sterben morir(se)
Steuern impuestos (Mz)
Stewardess azafata,
aeromoza
Stil estilo
Stimme voz
Stockwerk piso
Stoff tela
stören molestar,
fastidiar
stornieren cancelar
Strafe pena, castigo
Strand playa
Straße calle, avenida
Straßenschild
letrero de calle (m),
pasacalle (Süd)
Strauß (Blumen-)
ramo de flores
Streichhölzer
fósforos (Mz)
Streik huelga
streiten, sich pelearse
Stück pedazo, trozo,
pieza
Student(in)
estudiante (m+w)

studieren estudiar
Stuhl silla
Stunde hora
suchen buscar
Süden sur (m)
südlich austral
Summe suma
Supermarkt
  supermercado
Suppe sopa
süß dulce
Swimmingpool piscina

T

Tabak tabaco
Tablette pastilla
Tag día (m)
täglich diario
Tal valle (m)
Tampon tampón
tanken echar gasolina
Tankstelle
  estación de servicio,
  gasolinera, bomba
Tankwart naftero (Süd),
  gasolinero, bombero
Tannenbaum pino
Tante tía
Tanz baile (m)
tanzen bailar, danzar
Tasche bolsa
Taschenmesser navaja
Tasse taza
taub sordo
Taube paloma
tauchen bucear
Taxi taxi (m)
Taxifahrer taxista
Taximeter taxímetro

Tee té (m)
Teil parte (w)
teilen (Zimmer)
  compartir, dividir
Telefon teléfono
Telefonbuch directorio,
  guía telefónica
telefonieren hablar/
  llamar por teléfono
Telefonmünze
  ficha telefónica (Süd)
Telefonnummer
  número de teléfono
Telegramm
  telegrama (m)
Teller plato
Tennis (Schuhe)
  tenis (m)
Teppich alfombra
Termin cita
Tesafilm tape,
  cinta adhesiva
teuer caro
Teufel diablo
Theater teatro
tief profundo
Tier animal
Tisch mesa
Titelseite tapa,
  carátula
Tochter hija
Tod muerte (w)
Toilette baño,
  sanitario, servicio,
Toilettenpapier
  papel higiénico
toll bárbaro, chévere
Topf cazuela, olla
Tor (Fußball) gol
tot muerto

töten matar
Toto (Spiel) lotería
Tradition tradición
tragen llevar, cargar
träumen soñar (*)
traurig triste
Treffen encuentro
treffen (begegnen)
  encontrar
Treppe escalera
trinken beber, tomar
Trinkgeld propina,
  laudo (Süd)
trocken seco
tschüss chao, adiós
Tuch tela
tun hacer
Tür puerta
Turm torre (w)
Tüte bolsa
Typ tipo
typisch típico

U

U-Bahn metro,
  subterraneo,
  subte (Arg)
üben practicar
über encima de, sobre
überall por todos lados,
  en todas partes
Überfall asalto, atraco
Überfluss abundancia
überhaupt en absoluto
übermorgen pasado
  mañana
überqueren cruzar
überraschung sorpresa
übersetzen traducir

Übersetzer(in)
traductor(a)
übertreiben exagerar
Überweisung
transferencia, giro
überzeugt convencido
üblich usual
übrig sobrante,
restante
übrig bleiben quedar
Ufer orilla
Uhr reloj (m)
um zu para
umarmen abrazar
Umgebung
alrededores (m, Mz)
Umleitung desvío
umsteigen cambiar de
(tren, bus, metro)
umtauschen cambiar
Umweg desvío
Umwelt
medio ambiente
umziehen (Haus)
mudarse
umziehen, sich
cambiarse
(un)ordentlich
(des)ordenado
unbekannt
desconocido
und y
Unfall accidente (m)
ungefähr alrededor,
más o menos
unglaublich increíble
Universität universidad
unmodisch
pasado de moda
unmöglich imposible

Unordnung lío,
desorden
unschuldig inocente
unser(e) nuestro(-a)
unten abajo
unter debajo de
Unterbrechung
interrupción
Unterdrückung
represión
unterhalten, sich
conversar, charlar,
platicar
Unterhaltung
conversación, charla
Unterkunft refugio,
hospedaje
unterrichten enseñar
Unterschied diferencia
unterschiedlich
diferente, distinto
unterschreiben firmar
Unterschrift firma
unterstützen apoyar
untersuchen revisar,
examinar
unverschämt
sinvergüenza
Urlaub vacaciones (w)
Ursache causa
Ursprung origen

V

Valuta (Devisen)
divisas (w, Mz)
Vater padre, papá
verabreden, sich
hacer una cita,
citarse

Verabredung cita
verabschieden, sich
despedirse
verbessern mejorar
verbieten prohibir
verboten prohibido
Verbrechen crimen
verbrennen quemar
verbringen pasar
verdienen ganar
vergessen olvidarse de
vergewaltigen violar
Vergnügen distracción,
diversión
vergnügen, sich
divertirse, distraerse
verheiratet casado
verirren, sich perderse
verkaufen vender
Verkehr tránsito,
tráfico
verleihen (an)
prestar (a)
verletzt herido
Verletzung herida
verlieben, sich
enamorarse
verliebt enamorado
verlieren perder
vermieten alquilar,
arrendar
vermissen extrañar,
echar de menos
Vermittlung operadora
verrückt macanudo,
loco, maluco (Süd)
verschieben (zeitl.)
postergar
Verschmutzung
contaminación

verschwinden desaparecer (*)
Versicherung seguro
verspäten, sich tardarse, retrasarse
Verspätung retraso
versprechen prometer
verstehen entender, comprender
versuchen intentar, tratar
verteidigen defender
vermitteln intermediar
Vertrag contrato
vertrauen confiar
verwechseln confundir
verzeihen perdonar
verzollen declarar
Videorecorder videograbador
Vieh ganado
viel mucho, un montón
vielleicht tal vez, quizás
Vogel pájaro
Volk pueblo
voll lleno
völlig totalmente
von de
vor (örtl.) delante de
vor (zeitl.) hace
voraus, im previamente, de antemano
vorbereiten preparar
Vorgang trámite (m)
vorgestern anteayer
vorher antes
Vormittag mañana
vormittags en/por la mañana

Vorname nombre (m)
vorne delante
Vorschlag propuesta
vorschlagen proponer
vorsicht cuidado
vorstellen, sich presentarse, imaginarse
Vorstellung función
Vorteil ventaja
Vorurteil prejuicio
Vorwahl (Telefon) código de área, prefijo, clave (Mex)
Vorwahlnummer código
vorwärts adelante

W

Waffe el arma
Waffen las armas
Wagen coche (m), carro, auto
Wahl elección
wahr cierto
während durante
Wahrheit verdad
Wald bosque (m), selva
Wand pared
wandern caminar
wann? ¿cuándo?
Ware mercancía
warm caliente
warten esperar
warum? ¿por qué?
was? ¿qué?
waschen lavar
waschen, sich lavarse

Waschmaschine lavadora, lavarropas (Süd)
Wasser (Mineral-) agua (mineral) (w)
Wasserquelle manantial
Watte algodón
wechseln cambiar
wecken despertar
Weg camino
wegen por
weggehen irse
wegwerfen botar
weh tun doler
weiblich feminino
weich suave
Weihnachten navidad
weil porque
Wein vino
weinen llorar
Weintraube uva
Weißwein vino blanco
weit entfernt lejos
weitergehen seguir
welche(r, -s)? ¿cuál?, ¿qué?
Welle ola, onda
Welt mundo
wenig poco
weniger menos
wenn (als) cuando
wenn (falls) si
wer? ¿quién?
Werbung propaganda, comercial (m)
werden hacerse, ponerse
werfen arrojar, lanzar
Werkstatt taller (m)

Wert valor (m)

wertvoll valioso

wessen? ¿de quién?

Westen oeste (m), occidente

Wetter tiempo, clima

wichtig importante

wie como

wie lange? ¿cuánto tiempo?

wie? ¿cómo?

wieder otra vez, de nuevo

wieder tun volver a hacer

wiederholen repetir

wie viel? ¿cuánto?

wild salvaje

Wildleder gamuza

willkommen bienvenido

Wind viento

Windel pañal

Winter invierno

wir nosotros/-as

wirklich realmente, efectivamente

wissen saber

Witz chiste

witzig chistoso, gracioso

wo? ¿dónde?

Woche semana

Wochenende fin de semana

wofür? ¿para qué?

woher? ¿de dónde?

wohin? ¿adónde?

wohnen vivir

Wohnung departamento, apartamento, habitación (w)

Wohnzimmer living (m), sala (de estar)

Wolke nube (w)

Wolle lana

wollen querer

Wort palabra

Wörterbuch diccionario

Wunde herida

wunderbar maravilloso

wundern, sich extrañar

wünschen desear

würzen condimentar

Wut rabia

Z

zahlen pagar

zählen contar

Zahn diente, muela

Zahnarzt/in dentista (m+w)

Zahnbürste cepillo de dientes

Zahnpasta dentífrico, crema dental, pasta de dientes

zärtlich cariñoso

Zeh dedo de pie

zeichnen dibujar

Zeichnung diseño, dibujo

zeigen mostrar

Zeit tiempo

Zeitschrift revista

Zeitung periódico, diario

Zelt carpa, tienda de campamento

Zentrum centro

zerstöhren destruir (*)

Zettel apunte, hoja

Zeuge testigo

ziehen (raus-) sacar

Ziel destino

ziemlich bastante

Zigarette cigarrillo

Zigarre puro

Zimmer habitación, cuarto

zittern temblar

Zoll aduana

Zollerklärung declaración

zu (+Adjektiv) demasiado

zu (nach) a, hacia

zu Fuß a pie

Zucht (Tiere) cría

Zucker azúcar

zuerst primero

zufrieden contento

Zug tren (m)

zurück hacia atrás

zurückkommen volver

zusammen juntos

zusätzlich adicional

Zuschlag recargo

Zustand estado

zuviel demasiado

Zweifel duda

zwischen entre

A

a zu, nach
a dentro in
a dónde wohin
a la derecha rechts
a la izquierda links
a la medida passen,
  sitzen (Kleidung),
  im richtigen Maß
a lo largo längs,
  entlang
a menudo oft
a pie zu Fuß
a veces manchmal
abajo unten
abastesimiento Markt
abierto offen, geöffnet
abrazar umarmen
abrir öffnen
abuela Oma
abuelo Opa
abundante
  im Überfluss
aburrido langweilig
acá hier
acabar beenden,
  aufhören
accidente (m) Unfall
aceite (m) Öl
ácido sauer, Säure
aclarar (er)klären
acompañar begleiten
aconsejar Rat geben
acordarse sich erinnern
acostarse sich hinlegen
acostumbrarse
  sich gewöhnen
además außerdem
adicional zusätzlich

administración
  Verwaltung, Behörde
admirar bewundern
¿adónde? wohin?
aduana Zoll
adulto Erwachsener
aeropuerto Flughafen
afeitarse sich rasieren
afuera draußen
agarrar nehmen
agencia de viajes
  Reisebüro
agradable angenehm
agradecer danken
agricultor Bauer
agricultura
  Landwirtschaft
agua (el) (w) Wasser
aguardiente Schnaps
aguja Nadel
ahora jetzt
ahora mismo sofort,
  jetzt gleich
ahorrar sparen
aire (m) Luft
aire acondicionado
  Klimaanlage
ají (m) roter Pfeffer
ajo Knoblauch
al lado de neben
alcohol Alkohol
aldea Dorf
alegrarse sich freuen
alegre fröhlich, lustig
alegría Freude
alemán deutsch;
  Deutscher
alemana Deutsche
Alemania Deutschland
alfombra Teppich

algo etwas
algo más
  sonst noch etwas
algodón Baumwolle,
  Watte
alguien jemand
algún irgendein
algunos/-as (m/w)
  ein paar, einige
alimentos (m, Mz)
  Lebensmittel
allá/allí dort, da
almorzar
  zu Mittag essen
almuerzo Mittagessen
alojamiento
  Unterkunft
alquilar mieten,
  vermieten
alrededor de ungefähr,
  rundum
alrededores (Mz)
  Umgebung
alto lang, hoch, groß
alumno/-a Schüler/-in
ama de casa Hausfrau
amable freundlich
amante (m+w)
  Liebhaber(in)
amar lieben
amargo bitter
ambiente (m) Zimmer
ambo Anzug
ambulancia
  Rettungswagen
amigo/-a Freund/-in
amistad Freundschaft
amor (m) Liebe
amplio / ancho breit
ancho breit

andar fahren, gehen, funktionieren

andar a pie zu Fuß gehen

andén Bahnsteig

anfitrión Gastgeber

angosto eng

anillo Ring

animal (m) Tier

aniversario Geburtstag

año Jahr

anoche gestern Abend

ansioso sehnsüchtig

anteayer vorgestern

anteojos (Mz) Brille

antes bevor; vorher

anual jährlich

anunciar anzeigen, bekanntmachen, anmelden

apagar ausschalten

aparcar parken (Auto)

apartamento Wohnung

apellido Nachname

apenas kaum

apoyar unterstützen

aprender lernen

aproximadamente etwa, ungefähr

apunte (m) Zettel

apurarse sich beeilen

aquel/aquella jener/jene (Ez)

aquello jenes

aquí hier

arancel (m) Gebühr

árbol (m) Baum

arena Sand

arete (m) Schmuck

arma (el) (w) Waffe

armario Schrank

arreglar reparieren, aufräumen

arreglarse · sich herrichten

arrendar vermieten

arriba oben

arrivar ankommen

arrojar werfen

arroz (m) Reis

arte (m) Kunst

artefacto (eléctrico) Elektrogerät

artesanía Kunstgewerbe

artista (m) Künstler

asalto Überfall

ascensor (m) Aufzug

así so

asiento Sitzplatz

aspiradora Staubsauger

¡atención! Achtung!

atender behandeln

atrás zurück, dahinter

atrasado verspätet, rückständig

aún noch

auspiciar sponsern

austral südlich

Austria Österreich

austríaca Österreicherin

austríaco Österreicher, österreichisch

auto Auto, Wagen

autopista Autobahn

avenida Straße

averiguar nachsehen, ermitteln

avión (m) Flugzeug

avisar anmelden, benachrichtigen

aviso Anzeige (Zeitung)

avispado schlau

ayer gestern

ayuda Hilfe

ayudar helfen

azafata Stewardess

azúcar Zucker

B

bailar tanzen

baile (m) Tanz

bajar aussteigen, runtergehen, runterfahren

bajo niedrig

bañarse baden

banca/o (Sitz-)Bank

banco Bank (Geld)

bandera Fahne

bañera Badewanne

baño Bad, Toilette

bar (m) Café

barato billig

bárbaro toll, super

barco Schiff

barra de labios Lippenstift

barranco Schlucht

barrio Stadtteil

bastante genug, ziemlich

basura Müll

bata de baño Bademantel

batería Batterie
beber trinken
bebida Getränk
bello schön
besar küssen
beso Kuss
biblioteca Bücherei
bicicleta Fahrrad
bien (Adverb) gut
bienvenido
  willkommen
birome (w)
  Kugelschreiber
bochinche (m)
  Durcheinander
bodas (Mz) Hochzeit
bolero Schuhputzer
boletería
  Fahrkartenschalter
boleto Fahrkarte,
  Eintrittskarte
boliche (m) Kneipe
bolsa Tasche, Beutel
bolsa de dormir
  Schlafsack
bomberos (Mz)
  Feuerwehr
bombilla Glühbirne
bonito hübsch
borracho betrunken
borradora Radiergum-
  mi
bosque (m) Wald
botar wegwerfen
bote Boot
botella Flasche
botón (m) Knopf
brazo Arm
broncearse
  sich sonnen

bueno (Adjektiv) gut
burlarse sich über
  etwas amüsieren
buscar suchen
buseta Kleinbus (Col)

C

caballo Pferd
cabello Haar
cabeza Kopf
cada uno jeder
cada vez jedesmal
caer (hin)fallen
café (m) Kaffee
caja Kasse, Kiste
cajón (m) Schublade,
  Kiste
calcular rechnen
calefacción (w)
  Heizung
calidad Qualität
caliente heiß, warm
calle (w) Straße
callejón Gasse
calor (m) Hitze
cama Bett
cámara fotográfica
  Fotoapparat
cambiar umtauschen,
  wechseln
cambiarse
  sich umziehen
caminar gehen,
  wandern
camino Weg
camión Bus
camioneta Combi (Car),
  Sammeltaxi (And)
camisa Hemd

campamento Zeltlager
campera Jacke (Süd)
campesino Bauer
cancelar (be)zahlen,
  stornieren
cancha Sportplatz
canción (w) Lied
candado
  Vorhängeschloss
caño Wasserhahn
cansado müde
cantar singen
cantidad Menge,
  Quantität
cantina Kneipe
capital (w) Hauptstadt,
  Kapital
cara Gesicht
característica
  Eigenschaften,
  Vorwahl (Telefon)
carbón (m) Kohle
cargar tragen
cariñoso zärtlich,
  herzlich
carne (w) Fleisch
caro teuer
carro Auto, Wagen
carta Brief
cartera Handtasche,
  Brieftasche
casa Haus
casado verheiratet
casamiento Hochzeit
casarse heiraten
caserola Kochtopf
casete (m) Kassette
castigar bestrafen
castigo Strafe
castillo Schloss (Bau)

cazar jagen
cazuela Topf
celebrar feiern
cementerio Friedhof
cena Abendessen
cenar zu Abend essen
cenicero Aschenbecher
central camionera
Busbahnhof
centro Stadtmitte,
Zentrum
cepillo de dientes
Zahnbürste
cerca (de) nahe
cerrado geschlossen
cerrar schließen
cerro Berg
cerveza Bier
chabacano
Aprikose (Mex),
ordinär (Car)
chamarra Jacke (Mex)
champú (m) Shampoo
chapa
Blechabdeckung,
Autokennzeichen
charlar
sich unterhalten
cheque (m) Scheck
chévere toll (Car, Mit)
chica Mädchen
chico klein, Junge
¡chin-chin! Prost!
chiquito klein, Junge
chofer Chauffeur
chola
Indigena-Frau (Ecu)
chompa
Pullover (Süd, And)
cierto wahr

cigarillo Zigarette
cima Gipfel
cine (m) Kino
cinta adhesiva Tesafilm
cita Verabredung,
Termin
citarse sich verabreden
ciudad (w) Stadt
ciudadano
Staatsbürger
claro hell, klar
clasificado
Anzeige (Zeitung)
clave (w)
Vorwahlnummer
clavo Nagel (Arbeit)
clima (m) Wetter
clínica Klinik
cobrar kassieren
coche (m) Auto, Wagen
cocina Küche
cocinar etwas kochen
código postal
Postleitzahl
código regional
Vorwahl
coger nehmen,
bumsen (Car, Süd)
cola (hacer ...)
Schlange (stehen)
colección (w)
Sammlung
colectivo Bus
colegio Gymnasium,
Schule
colgar hängen
colocar stellen
color (m) Farbe
comal Tortillapfanne
combinar umsteigen

comenzar anfangen,
beginnen
comer essen
comercial (m) Werbung
comercio Handel
comida Essen, Mahlzeit
comienzo Anfang
¿cómo? wie?
cómodo gemütlich,
bequem
compartir teilen
completo ausgebucht
complicado kompliziert
compostura Reparatur
comprar kaufen
comprender verstehen
comunicar mitteilen
con mit
con mucho gusto gern
con voz alta laut reden
concierto Konzert
condimentar würzen
condimento Gewürz
condón Kondom
conducir fahren (Auto)
conductor Fahrer
conejo Hase
confiar vertrauen
conmemoración
Andenken
conmigo mit mir
conocer kennen
conocerse
sich kennen lernen
conocido bekannt
conseguir bekommen
consejo Ratschlag
conserje (m)
Hausmeister
construir bauen

consulado Konsulat
consultorio
(Arzt-)Praxis
contaminación (w)
Verschmutzung
contar (er-)zählen
contenido Inhalt
contento zufrieden
contestar antworten
contra gegen
contrato Vertrag
contribución Gebühr
controlar kontrollieren
convencido überzeugt
conversación Gespräch
conversar
sich unterhalten
convertir umwandeln
coquetear flirten
corazón (m) Herz
corbata Krawatte
correcto richtig
correos Post
correr laufen, rennen
cortar beenden,
aufhören,
(ab)schneiden
corte (m) Haarschnitt
cortés höflich
cortina Gardine
corto kurz
cosa Sache, Ding
costar kosten (Preis)
costumbre (w) Brauch
creer glauben
crema süße Sahne,
Creme
crema dental
Zahnpasta
crimen Verbrechen

criollo kreolisch
cruce Kreuzung
crucero
Kreuzfahrt (Schiff),
Kreuzung (Mex)
crudo roh (Speisen)
cruel grausam
cuadra Gebäudeblock
cuadro Bild
¿cuál? welche(r, -s)?
cuando wenn, als
¿cuándo? wann?
¿cuánto tiempo?
wie lange?
¿cuánto? wie viel?
cuarto Raum, Zimmer
cubo Eimer
cubrecama Bettzeug
cuchara Löffel
cuchillo Messer
cuenta Rechnung
cuerda Schnur, Seil
cuero Leder
cuete betrunken
cuidar aufpassen
culpa Schuld
culpable schuldig
cumbre Gipfel
cumpleaños (m)
Geburtstag
cumplir erfüllen
curar behandeln,
heilen
curioso neugierig
curita Pflaster

D

da igual es ist egal
danza Tanz

dar geben
darse cuenta (de)
bemerken
de aus, von (Ort)
de acuerdo
einverstanden
de colores bunt
¿de dónde? woher?
de nuevo wieder
¿de quién? wessen?
de repente plötzlich
de vez en cuando
manchmal
debajo de unter
deber sollen, müssen,
schulden
decidir(se)
(sich) entscheiden
decir sagen
declarar erklären
dedo Finger, Zeh
defender verteidigen
dejar lassen
delante vorne
delante de vor (örtlich)
deletrear
buchstabieren
delgado dünn
demasiado zuviel
demora Aufenthalt
demorar dauern
dentífrico Zahnpasta
dentista (m+w)
Zahnarzt
dentro de innerhalb, in,
drinnen
departamento
Wohnung
depender abhängen
deporte (m) Sport

depositar abgeben
derecha, a la rechts
derecho Recht
desayunar frühstücken
desayuno Frühstück
descansar sich erholen, (aus)ruhen
descompostura Panne (Auto)
descompuesto faul (Obst), kaputt
desconocido unbekannt
descuento Ermäßigung, Rabatt
desde seit, aus
desear wünschen
desilusionado enttäuscht
desnudo nackt
despacho Büro
despacio langsam
despedirse sich verabschieden
despertar wecken
despertarse aufwachen
después danach, später
destapador (m) Korkenzieher
destino Ziel
destornillador (m) Schraubenzieher
desvío Umleitung, Umweg
detenerse stehen bleiben
detergente (m) Spülmittel
detrás de hinter

día (m) Tag
dialecto Dialekt
diario täglich, Zeitung
diarrea Durchfall
dibujar zeichnen
dibujo Bild
diccionario Wörterbuch
diente (m) Zahn
diferencia Unterschied
diferente verschieden, unterschiedlich
difícil schwierig
dinero Geld
Dios Gott
dirección (w) Adresse, Richtung
directorio Telefonbuch
disco Schallplatte
discoteca Diskothek
disculparse sich entschuldigen
diseño Zeichnung
disfrutar genießen
distancia Entfernung
divertido lustig
divertirse sich vergnügen
divisas (w, Mz) Valuta, Devisen
doblar abbiegen, falten
doctor Arzt
documento Dokument
documento de identidad Personalausweis
doler schmerzen, weh tun
dolor (m) Schmerz
donar spenden
¿dónde? wo?

dormir schlafen
dormitorio Schlafzimmer
ducha Dusche
duda Zweifel
dueño Besitzer, Eigentümer
dulce süß
durante während
duro hart, fest

E

económico billig
edad (Lebens-)Alter
edificio Gebäude
efectivamente wirklich
efectivo Bargeld, in bar
ejemplo Beispiel
ejercer ausüben
él er
eléctrico elektrisch
elegir auswählen
ella sie
embajada Botschaft
embarazada schwanger
emergencia Notfall
empezar anfangen, beginnen
empleada Angestellte
empleado Angestellter
en in
en casa zu Hause
en contra dagegen
en la mañana vormittags
en medio de mitten in
en seguida sofort
enamorado verliebt

enamorarse sich verlieben

encaminar auf den Weg bringen

encantado erfreut

encantarse sich freuen

encender anschalten

encontrar finden, begegnen, treffen

encontrarse sich befinden, sich treffen

encuentro Treffen

enfermedad Krankheit

enfermera Krankenschwester

enfermo krank

enfrente de gegenüber

engañar betrügen

ensalada Salat

enseñar unterrichten, lehren

entender verstehen

enterarse de etwas merken

entero ganz

entonces dann

entrada Eingang

entrar reingehen, eintreten

entre zwischen

entregar geben, abgeben

entretenerse sich vergnügen

enviar schicken, senden

envolver einpacken

equipaje (m) Gepäck

equivocar irren

equivocarse sich irren

error Fehler

escalera Treppe, Leiter

escribir schreiben

escritorio Büro

escuchar hören

escuela (Grund)Schule

eso das da

español spanisch; Spanier

española Spanierin

especialmente besonders

espectáculo Schauspiel

espejo Spiegel

esperar hoffen, warten

esposa Ehefrau

esquí (m) Ski

esquiar Ski fahren

estación Jahreszeit, Bahnhof

estación de servicio Tankstelle

estacionar parken (Auto)

estado Staat, Zustand

estampilla Briefmarke

estancia Aufenthalt, Farm

estar sein, sich befinden

estar acostado liegen

este (m) Osten

este (m)/esta (w) dies(-er, -es)

estilo Stil

esto dies (unpers.)

estrecho eng

estropeado kaputt

estudiante (m+w) Student(in)

estudiar studieren, lernen

estúpido doof

evento Ereignis

exacto genau

examen (m) Prüfung

excelente ausgezeichnet

excursión (w) Ausflug

excusarse sich entschuldigen

éxito Erfolg

explicar erklären

exportación Ausfuhr

exposición Ausstellung

expresarse sich ausdrücken

exterior Ausland

extrañar sich wundern

extranjero fremd, ausländisch

F

fábrica Fabrik

fácil leicht, einfach

factura Rechnung

facultad (w) Universität

falla Fehler

falso falsch (Irrtum)

faltar fehlen

familia Familie

famoso berühmt

farmacia Apotheke

faro Scheinwerfer

favor (m) Gefallen

fecha Datum

felicidades (Mz)
  Glückwunsch
felicitar gratulieren
feliz glücklich
femenino weiblich
feo hässlich
ferrocarril Eisenbahn
ferry (m) Fähre
ficha Stecker,
  Spielfigur
ficha (telefónica)
  Telefonmünze
fiebre (w) Fieber
fiesta Fest, Feier
fin (de semana)
  (Wochen-) Ende
finalizar aufhören,
  beenden
finalmente endlich
fino dünn, fein
firma Unterschrift
firmar unterschreiben
firme fest
flaco dünn
flojo faul (träge)
flor (w) Blume
fondo Grund
formar fila
  sich anstellen
formulario Formular
fósforos (m, Mz)
  Streichhölzer
foto (w) Fotografie
frase (w) Satz
frazada Decke
frecuentemente oft
fresco kühl, frisch
frijol schw. Bohne
frío kalt
frontera Grenze

fruta Frucht, Obst
fuego Feuer
fuente (w) Quelle
fuerte stark
fumar rauchen
función (w) Vorstellung
funcionario Beamter
fútbol (m) Fußball

G

gamuza Wildleder
ganado Vieh
ganar gewinnen,
  verdienen
ganas (Mz) Lust
gas Gas
gas oil (m) Diesel
gaseosa
  Getränk (Cola etc.)
gasolina Benzin
gasolinera Tankstelle
gente (w) Leute
gerente (m+w)
  Geschäftsführer(in)
giro Überweisung
gobierno Regierung
golpe (m) Schlag
gomería
  Reifenwerkstatt
góndola Regal (Laden)
gordo dick
grabador (m)
  Kassettenrecorder
¡gracias! danke!
gramática Grammatik
gramo Gramm
grande groß
grasa Fett
gratuito kostenlos

gringo (Ami) Ausländer
gripe (w) Grippe
gritar rufen, schreien
grueso dick
grupo Gruppe
guapo hübsch, schön
guía (m) (Reise-)Führer
gustar gefallen,
  schmecken
gusto Geschmack

H

haber haben (Hilfsverb)
habitación (w)
  Wohnung, Zimmer
habitante (m)
  Einwohner
hablar sprechen,
  reden
hace vor, seit
hacer machen, tun
hacer una cita
  sich verabreden
hacerse sich machen,
  werden (Beruf)
hacia in Richtung, zu,
  nach
hacienda Farm
hambre (el) Hunger
hambriento hungrig
harina (w) Mehl
hasta bis
hay es gibt
hecho a mano
  handgemacht
heladera Kühlschrank
helado (Speise-)Eis; kalt
herida Wunde,
  Verletzung, Verletzte

herido Verletzter, verletzt
hermana Schwester
hermano Bruder
hermanos (Mz) Geschwister
hermoso schön
herramienta Werkzeug
hervir kochen, sieden
hielo Eis (Wasser)
higiene (w) Hygiene
hija Tochter
hijo Sohn
hilo Faden
historia Geschichte
hoja Blatt, Zettel
hombre (m) Mensch, Mann
hondo tief
hora Stunde
horario Fahrplan
horno Ofen (Herd)
horrible schrecklich
hospedaje Unterkunft
hospital (m) Krankenhaus
hospitalidad Gastfreundschaft
hotel Hotel
hoy heute
hueco Loch
huelga Streik
huésped (m+w) Gast
huevo Ei
huipíl Indígena-Bluse
húmedo nass, feucht

I

ida Hinfahrt
idea Idee
idioma (m) Sprache
iglesia Kirche
igual gleich, egal
imaginarse sich etwas vorstellen
importación Einfuhr
importante wichtig
imposible unmöglich
impresionante beeindruckend
impuestos (Mz) Steuern
incendio Brand, Feuer
increíble unglaublich
industria Industrie
información Auskunft
informar benachrichtigen
informarse sich erkundigen
iniciar anfangen
inmediatamente gleich, sofort
inocente unschuldig
insecto Insekt
insultar beleidigen
inteligente klug
intención (w) Absicht
intentar versuchen
interesante interessant
interesarse (por) sich interessieren (für)
interior (m) Landesinnere

internacional international
interrupción (w) Unterbrechung
invierno Winter
invitación Einladung
invitado Gast
invitar einladen
inyectar injizieren
ir fahren, gehen
ir a pie zu Fuß gehen
irse (de) weggehen, abfahren
isla Insel
izquierda, a la links

J

jabón (m) Seife
jamás niemals
jamón (m) Schinken
jardín (m) Garten
jefe (m) Chef
jóven jung, Junge
jovencita Mädchen
jubilado pensioniert
jugar spielen
jugo Saft
juguete (m) Spielzeug
junto(s) zusammen

K

kilo(gramo) Kilogramm
kilómetro Kilometer
kiosco Kiosk

L

la otra vez
  das nächste Mal
labor Arbeit
laborar arbeiten
lado Seite (Richt.)
ladrón Dieb
lago See
lamentablemente
  leider
lamentar bedauern,
  Leid tun
lámpara Lampe
lana Wolle
lancha Motorboot
lápiz (m) Bleistift
largo lang, reichlich,
  großzügig
lastimado verletzt
laudo Trinkgeld
lavar(se)
  (sich) waschen
lavarropas (m)
  Waschmaschine
leche (w) Milch
lecho Bett
lechuga Kopfsalat
leer lesen
lejos weit entfernt
lengua Zunge, Sprache
lentes (m, Mz) Brille
lento langsam
letra Buchstabe
levantar (auf)heben
levantarse aufstehen
ley (w) Gesetz
libre frei
libro Buch
ligero leicht (Gewicht)

limpiaparabrisas
  Scheibenwischer
limpiar säubern
limpio sauber
lindo schön, hübsch
lío Unordnung, Problem
liso einfarbig,
  glatt (Haare)
listo, estar fertig sein
listo, ser schlau sein
liviano leicht (Gew.)
living (m) Wohnzimmer
llamar rufen
llamarse heißen
llanta Reifen
llave (w) Schlüssel
llegada Ankunft
llegar (an)kommen
lleno voll
llevar hinbringen,
  mitnehmen
llorar weinen
llueve es regnet
lluvia Regen
loco verrückt
luchar kämpfen
luego dann
lugar (m) Ort, Stelle
luminoso hell
luz Licht

M

macanudo verrückt
madera Holz
madre (w) Mutter
maduro reif
maestro Lehrer
mal schlecht
maleta Koffer

maluco verrückt
mamá Mama
mañana Morgen,
  morgen
mandar schicken,
  senden
mandar a traer
  bestellen
manejar fahren,
  lenken
manera Art, Weise
manga larga
  langärmelig
manifestación (w)
  Demonstration
mano (w) Hand
manta Bettdecke
manteca Butter
mapa (m) Landkarte,
  Stadtplan
maquillarse
  sich schminken
máquina Maschine
mar (m) Meer
marchar wandern,
  marschieren
mareado schwindelig
marido Ehemann
martillo Hammer
más mehr
más o menos etwa,
  ungefähr
matar töten
matrimonio Ehe
mayor größer, älter
mayor (m) Erwachsener
mecate Seil
medianoche
  Mitternacht
medicina Medikament

médico Arzt
medio halb
medio ambiente Umwelt
mediodía (m) Mittag
mejillón (m) Muschel
mejor besser
menos weniger
mentir lügen
menú Menü
mercado Markt
mercancía Ware
mes (m) Monat
mesa Tisch
mi mein
micro Bus
miedo Angst
mientras während
¡mierda! Scheiße!
migración (w) Einwanderungs- behörde
milanesa Schnitzel
mirar (an)sehen, schauen
mismo selbst
mitad Hälfte
mixto gemischt
mochila Rucksack
moda Mode
mojado feucht
molestar stören
moneda Münze
montaña Gebirge
monte Berg
montón Haufen
monumento Denkmal
morir(se) sterben
mostrar zeigen
moto (w) Motorrad

motor Motor
mover bewegen
mozo Kellner
mucama Putzfrau, Zimmermädchen
muchacha Mädchen
muchacho Junge
mucho viel
mudarse umziehen (Wohnung)
muebles (Mz) Möbel
muela Zahn
muerte (w) Tod
muerto tot
mujer (w) Frau
mundo Welt
muñeca Puppe
museo Museum
música Musik
muy sehr

N

nacer geboren werden
nacionalidad Staatsangehörigkeit
nada nichts
nadar schwimmen
nadie niemand
nafta Benzin (Arg)
naftero Tankwart
narración Geschichte (Erzählung)
natural natürlich
naturaleza Natur
navaja Taschenmesser
navidad (w) Weihnachten
necesario notwendig
necesitar brauchen

negociar handeln, feilschen
negocio Geschäft, Laden
neumático Reifen
nevera Kühlschrank
nieto Enkel
nieva es schneit
nieve (w) Schnee
ningún kein
ninguno/ninguna keiner/keine
niño Kind
nivel Etage
no nein, nicht
noche (w) Nacht
nombre (m) Vorname
norte (m) Norden
nosotros/-as (m/w) wir
notar aufschreiben
noticias (Mz) Nachrichten
nube (w) Wolke
nuestro unser
nuevo neu
número Nummer
nunca niemals

O

o oder
obra social Sozialwerk, Krankenkasse (Süd)
obrero Arbeiter
observar beobachten
occidente (m) Westen
ocupado beschäftigt, besetzt
oeste (m) Westen
ofender beleidigen

oferta (Sonder)angebot
oficina Büro
ofrecer anbieten
oír hören
ojalá hoffentlich
ojo Auge,
¡ojo! Achtung!, Vorsicht!
ola Welle
olvidar vergessen
onda Welle
opaco matt
operador Vermittlung
operario Angestellter
opinar meinen
opinión (w) Meinung
oportunidad (w) Gelegenheit
oración Satz, Gebet
orden Ordnung, Bestellung, Befehl
ordenar bestellen, befehlen, aufräumen
oreja Ohr
organizar organisieren
órgano Organ, Orgel
oriente (m) Osten
orilla Ufer
oro Gold
oscuro dunkel
otoño Herbst
otra vez wieder, noch einmal
otro anderer, noch ein

P

pa' für
padre Vater
padres (Mz) Eltern
pagar (be)zahlen

página Seite (Buch)
país (m) Land
paisaje (m) Landschaft
pájaro Vogel
palabra Wort
palacio Palast
paloma Taube
pampa Steppe
pan Brot
panadería Bäckerei
pañal Windel
pantalón (m) Hose
papa Kartoffel
papá Papa
papel (higiénico) (Toiletten-)Papier
paquete (m) Paket
paquetito/paquetico Päckchen
par paar
para um zu, für
para atrás zurück
para que damit, um zu
¿para qué? wofür?
parada Haltestelle
paraguas (m) Regenschirm
parar anhalten, beenden
pararse stehen, anhalten
parecer scheinen
pared (w) Wand
pareja Paar
parque (m) Park
parrilla Grill (Haus)
parte (w) Teil
partir abreisen, aufteilen

pasacalle (m) Straßenschild
pasado mañana übermorgen
pasaje (m) Fahrkarte
pasajero Passagier
pasaporte (m) Pass
pasar passieren, verbringen
Pascua Ostern
pasear spazieren gehen
pasillo Flur
pasta dental Zahnpasta
pasteles (m, Mz) Gebäck
pastilla Tablette
pasto Gras
patio (Innen)hof
patrón Hausherr, Chef
pausa pause
pavor Entsetzen
paz Frieden
pecho Brust
pedazo Stück
pedido Bestellung
pedir bestellen, bitten
pegar schlagen
peinado Frisur
peinarse sich kämmen
pelear(-se) (sich) streiten
película Film (Kino)
peligroso gefährlich
peluquería Friseur
pena Strafe, Mühe
pensar meinen, denken
peor schlechter
pequeño klein
perder verlieren

perder(-se) verlieren, (sich) verirren
perdón (m) Entschuldigung
perezoso faul, träge
perfume (m) Parfum
periódico Zeitung
permanente (m) Dauerwelle
permiso Erlaubnis
permitir erlauben
pero aber
perro Hund
persona Person
pesado schwer (Gew.), unsympatisch
pescado Fisch (Essen)
pescar angeln
pesero Sammeltaxi (Mex)
peso Gewicht
pez (m) Fisch
piano Klavier
picante scharf gewürzt
pie (m) Fuß
piedra Stein
pierna Bein
pieza Stück
pila Batterie
pileta Waschbecken
pimentón (m) Paprika
pimienta Pfeffer
pino Tannenbaum
pintar (an)malen
pintor (m) Maler
pintura Bild
piscina Schwimmbad
piso Etage, Stockwerk
placard (m) Schrank
plan Plan

plancha Bügeleisen
planchar bügeln
planta Pflanze
planta baja Erdgeschoss
plástico Plastik
plata Silber, Geld
platea Parkett (Theater)
plática Gespräch
plato Teller
playa Strand, bewachter Parklatz (Per)
plaza Platz
plomero Klempner
pobre arm
poco wenig
poder können, dürfen
policía Polizei
policía (m) Polizist
política Politik
pollera Rock (Süd)
pomada Salbe
poner legen, stellen
ponerse sich etwas anziehen, sich hinstellen
por wegen, durch, für
por allá dorthin
por atrás von hinten
por completo alles
por ejemplo zum Beispiel
por eso deshalb, dafür
¡por favor! bitte!
por fin endlich
por lo tanto deshalb, daher
por mínimo mindestens
por nada gar nicht

por ningún lado nirgends
¿por qué? warum?
por supuesto selbstverständlich
por todos lados überall
porque weil
posible möglich
posición Lage, Standpunkt
postal Postkarte
postergar verschieben (zeitl.)
postre (m) Nachtisch
pozo Schlagloch
práctica Übung
practicar üben
precio Preis
preferir lieber tun, bevorzugen
pregunta Frage
preguntar fragen
prender anschalten
preocuparse sich Sorgen machen
preparar (vor-/zu-)bereiten
presentar (a alg.) jem. vorstellen
presentarse sich vorstellen
prestar a verleihen an
prestar de sich leihen von
previamente im voraus
primaria Grundschule
primavera Frühling
primero erster, zuerst
principiar anfangen

privado privat
probar kosten, probieren
problema (m) Problem
prode (m) Lotto
profesión (w) Beruf
profundo tief
programa (m) Programm
prohibido verboten
prohibir verbieten
prometer versprechen
pronto bald
pronunciación Aussprache
propiedad Eigentum
propina Trinkgeld
proponer vorschlagen
propuesta Vorschlag
provenir kommen/ stammen aus
próxima vez nächstes Mal
próximo nächster
prueba Beweis
pueblo Volk, Dorf
puente (m) Brücke
puerta Tür
puerto Hafen
pues also
punto Punkt
puntual(mente) pünktlich
puro echt, Zigarre
pús (m) Eiter

Q

que dass
¿qué? was?
quedar übrig bleiben
quedarse bleiben
quemar brennen
querer wollen
queso Käse
¿quién? wer?
quilombo Unordnung
quiniela Toto (Spiel)
quinta (Land)haus
quitar wegnehmen, entfernen
quitarse sich ausziehen
quizás vielleicht

R

radicarse einwandern, Fuß fassen
radio (w) Radio
ramo de flores Blumenstrauß
rancho Slam Hütte
rápido schnell
raqueta (de tenis) Tennisschläger
raro selten
razón (w) Grund
realmente wirklich
rebaja Ermäßigung
recámara Schlafzimmer
recargo Zuschlag
receta Rezept
recibir bekommen, erhalten
recién gerade eben

recital (m) Konzert
reclamo Beschwerde
recoger aufsammeln, aufheben
recomendar empfehlen
recordar sich erinnern
recto geradeaus
recuerdo Andenken
recuperarse sich erholen
redondo rund
referirse a sich beziehen auf
refrigerador (m) Kühlschrank
refugio Unterkunft
regalo Geschenk
régimen (m) Diät, Regime
región (w) Gegend
registrar registrieren
regreso Rückfahrt, Rückkehr
reir lachen
relajado entspannt
relleno gefüllt
reloj (m) Uhr
remedio Medikament
remolcar abschleppen
rentar mieten
reparación (w) Reparatur
repetir wiederholen
represión (w) Unterdrückung
repuesto Ersatzteil
reservación Platzkarte
respuesta Antwort
retraso Verspätung
revisar untersuchen

revista Zeitschrift
rico, estar ist lecker
rico, ser reich sein
río Fluss
robo Einbruch, Diebstahl
rogar bitten
rollo en color Farbfilm
romperse brechen
ropa Kleidung
rotisería Grill (Imbiss)
roto kaputt
rubio blond
ruido Geräusch, Lärm
rumbo Richtung
ruta Rute, Landstraße

S

sabana Savanne
sábana Laken (Bett-)
saber wissen
sabio klug, weise
sabroso schmackhaft
sacar rauszichen, rausnehmen
sacar boletos Karten kaufen
sacar fotos fotografieren
sacarse ausziehen
saco de dormir Schlafsack
sal (w) Salz
sala Raum
saladito Salzstange
salario Lohn, Gehalt
salida Ausreise, Ausgang

salir (de) abfahren (von), (r)ausgehen
salsa Soße
salud (w) Gesundheit
saludar(se) (be)grüßen
saludo Gruß
salvar retten
sanitario Toilette
sano gesund
sartén (w) Pfanne
satisfecho satt
se sich, man
sección Abteil (Zug)
seco trocken
secundaria Gymnasium
seda Seide
seguir weitermachen, weitergehen
segundo Sekunde; zweiter
seguramente sicherlich
seguro sicher, Versicherung
sello Briefmarke, Stempel
semáforo Ampel
semana Woche
sencillo einfach
seno (weibliche) Brust
señor Herr
señora Frau
señorita Fräulein
sentarse sich setzen
sentimiento Gefühl
sentir(se) (sich) fühlen
ser sein
servir nutzen, bedienen
si ob, wenn, falls
sí ja
SIDA Aids

siempre immer
sierra Gebirge
siesta Mittagspause
significado Bedeutung
siguiente folgend
silencio Ruhe
silla Stuhl
simple einfach
sin ohne
sin embargo jedoch, aber
sindicato Gewerkschaft
sino sondern
sobrante übrig
sobre auf (örtlich)
sobre (m) Briefumschlag
sobretodo Mantel
sociedad Gesellschaft
soga Seil
sol (m) Sonne
solo allein
sólo/solamente nur
soltero ledig
sombra Schatten
sombrero Hut
sombrilla Sonnenschirm
sonreír lächeln
sopa Suppe
sordo taub
sostener halten
soutien (m) Büstenhalter
su ihr(e), sein(e)
suave weich
subir rauffahren, raufgehen
subte (m) U-Bahn (Arg)
suceder geschehen

sucio schmutzig

sudar schwitzen

sueldo Lohn, Gehalt

suelo Boden

suerte (w) Glück

suéter (m) Pullover

suficiente genügend

sufrir leiden

suiza Schweizerin

Suiza Schweiz

suizo schweizerisch, Schweizer

suma Summe

supermercado Supermarkt

suplicar Flehen, Bitten

sur Süden

T

tabaco Tabak

taller (m) Autowerkstatt

talvez vielleicht

tamaño Größe (Kleid.)

también auch

tampoco auch nicht

tan so

tanto soviel, so sehr

tapa Titelseite

tardar dauern

tardarse sich verspäten

tarde spät

tarde (w) Abend, Nachmittag

tarjeta de crédito Kreditkarte

tarjeta postal Postkarte

tasa Gebühr

tasca Kneipe

taza Tasse

té (m) Tee

techo Dach, Decke

tela Tuch, Stoff

tela adhesiva Pflaster

teléfono Telefon

telenovela Fernsehserie, Seifenoper

televisor Fernsehgerät

temblar zittern

temer sich fürchten

temor Furcht, Angst

temporada alta Hochsaison

temporada baja Nebensaison

temprano früh

tenedor Gabel

tener haben, besitzen

tener frío frieren

tener hambre Hunger haben

tener que müssen

tener sed Durst haben

tenis (m) Gummischuh

terminar beenden, aufhören

terremoto Erdbeben

terreno Grundstück

testigo Zeuge

teta webliche Brust

tia Tante

tio Onkel

tiempo Zeit, Wetter

tienda Geschäft, Laden

tienda de campaña Zelt

tierra Erde

timbre (w) Briefmarke, Klingel

tintorería chemische Reinigung

típico typisch

tipo Typ

tirar schießen

toalla Handtuch

toalla sanitaria Damenbinde

tocadiscos (m) Plattenspieler

tocar berühren, spielen (Instrument)

todavía noch

todo(s) ganz, alle(s)

tomar nehmen, trinken

tomar una foto fotografieren

tonto dumm

tormenta Gewitter

torre (w) Turm

torta Torte, Kuchen

tortilla Omelett

tostada Toast

totalmente völlig

trabajador Arbeiter, fleißig

trabajar arbeiten

trabajo Arbeit

traducir übersetzen

traductor Dolmetscher

traer (her)bringen

tragaños „Jahresschlucker" (Jungebliebener)

traje (m) Anzug

traje de baño (m) Badeanzug/-hose

tranquilo ruhig

transbordador Fähre
transferencia
  Überweisung
tránsito
  Straßenverkehr
transparente
  durchsichtig
tratar behandeln,
  versuchen
tren (m) Zug
triste traurig
trozo Stück
trucha Forelle
trucho falsch
turno an der Reihe sein

U

ubicación Lage,
  Position,
  Unterbringung
último letzter
un poquito
  ein bisschen
uña Nagel (Finger)
una vez einmal
único einzig
universidad (w)
  Universität
uno man, einer
urgente dringend
Usted/Ustedes
  Sie (Ez/Mz)
útil nützlich
uva Weintraube

V

vacaciones (Mz)
  Ferien, Urlaub

vacante (m)
  freie Stelle
vacío leer
vacunación (w)
  Impfung
vacunar impfen
vajilla Geschirr
valer kosten (Preis)
válido gültig
valija Koffer
valioso wertvoll
valle (m) Tal
valor (m) Wert
vario verschieden
vasija Gefäß
vaso Becher, Glas
vela Kerze
vencer (be)siegen
venda Binde
vender verkaufen
veneno Gift
venir kommen
ventana/ventanilla
  Fenster
ver sehen
verano Sommer
verdad (w) Wahrheit
verdadero echt
verdura Gemüse
vereda Bürgersteig
vergüenza Scharm
vestido Kleid
vestimenta Kleidung
vestirse sich anziehen
vez (w) Mal
viajar reisen
viaje (m) Reise
víbora Schlange (Tier)
vida Leben

videograbador (m)
  Videorecorder
vidriera Schaufenster
vidrio Glas (Material)
viejita Alte
viejito Alter
viejo alt
viento Wind
vínculo Beziehung
vino Wein
vino blanco Weißwein
vino tinto Rotwein
visitar besichtigen,
  besuchen
vista Aussicht
vivir leben, wohnen
volar fliegen
volver zurückkommen
volver a hacer
  wieder tun
vomitar sich erbrechen
voz Stimme
vuelo Flug
vuelta Rückfahrt
vuestro/a euer/e

Y

y und
ya schon
ya no nicht mehr
yate Yacht
yerba Gras, Mate (Tee)
yo ich

Z

zapato Schuh
zócalo Hauptplatz

Weitere Titel für die Region

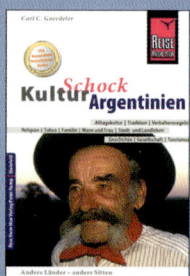

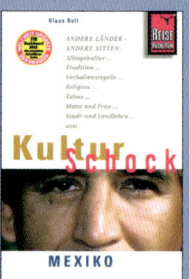

KulturSchock Argentinien
Carl D. Goerdeler
978-3-8317-1268-7
228 Seiten
14,90 Euro [D]

KulturSchock Chile
Cindy Schönfeld
978-3-8317-2111-5
276 Seiten
14,90 Euro [D]

KulturSchock Mexiko
Klaus Boll
978-3-8317-1703-3
264 Seiten
14,90 Euro [D]

Die **Kulturführer** von REISE KNOW-HOW geben eine **Orientierungshilfe** im Reisealltag und skizzieren **Hintergründe** und **Entwicklungen**, um heutige **Denk- und Lebensweisen** der Menschen im Reiseland zu erklären.

www.reise-know-how.de

von REISE KNOW-HOW

Spanisch für Argentinien – Wort für Wort
O'Niel V. Som
978-3-89416-275-7
208 Seiten | Band 84 | **7,90 Euro [D]**

Spanisch für Chile – Wort für Wort
Enno Witfeld
978-3-89416-799-8
192 Seiten | Band 101

7,90 Euro [D]

Spanisch für Mexiko – Wort für Wort
Enno Witfeld
978-3-89416-279-5
160 Seiten | Band 88 | **7,90 Euro [D]**

Jeder Band mit **Aussprachehilfen** und wichtigen **Redewendungen**
Wörterlisten: Jeweilige Landssprache – Deutsch, Deutsch – Jeweilige Landssprache

www.reise-know-how.de

Weitere Titel für die Region
von REISE KNOW-HOW

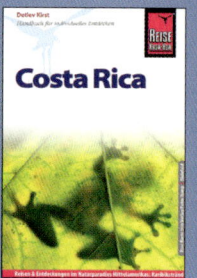

Reiseführer Argentinien
mit Patagonien und Feuerland

Jürgen Vogt
978-3-8317-2360-7
588 Seiten
23,90 Euro [D]

Reiseführer Chile
und die Osterinsel

Malte Sieber
978-3-8317-2290-7
708 Seiten
24,90 Euro [D]

Reiseführer Costa Rica

Detlev Kirst
978-3-8317-2358-4
684 Seiten
24,90 Euro [D]

www.reise-know-how.de

Der Autor

Vicente **Celi-Kresling** wurde 1962 in München geboren. Nach seinem ersten Lebensjahr zogen seine Eltern nach Venezuela. Er ist in Caracas zur Schule gegangen und nach der Trennung seiner Eltern, so oft es die Zeit erlaubte, mit seiner Mutter, dem Bruder und dem Hund herumgereist.

„Um zu übernachten, fragten wir die Leute auf dem Lande, ob wir unsere Hängematte an ihre Bäume hängen dürften. Auf diese Weise lernten wir Land und Leute kennen und machten gute Erfahrungen."

1981 kam Vicente nach Bremen und machte eine Lehre als Elektroinstallateur. Ab 1990 begann er sein Hobby, die Musik, auszubauen und arbeitete als Tontechniker, später als Musikproduzent und Komponist. Seit 1999 lebt er in Berlin.

Mit REISE KNOW-HOW ans Ziel
Landkarten
aus dem *world mapping project*™
bieten beste Orientierung – weltweit.

wmp · argentinien - argentina · 1:2 Mill.

1:2 000 000

argentinien
argentina
argentine
аргентина

- reiß- und wasserfest
- rip & waterproof
- indéchirable et imperméable
- irrompible & impermeable
- неразрушаем и водонепроницаемая

world mapping project

argentinien - argentina · 1:2 Mill.

world mapping project · chile · 1:1,6 Mill.

1:1 600 000

chile
chili
чили

- reiß- und wasserfest
- rip & waterproof
- indéchirable et imperméable
- irrompible & impermeable
- неразрушаем и водонепроницаемая

world mapping project

chile · 1:1,6 Mill.

wmp · costa rica - panama · 1:550 000

1:550 000

costa rica
panama
коста-рика, панама

- reiß- und wasserfest
- rip & waterproof
- indéchirable et imperméable
- irrompible & impermeable
- неразрушаем и водонепроницаемая

world mapping project

costa rica - panama · 1:550 000

**Landkarte
Argentinien
(1:2 Mio.)
ISBN 978-3-8317-7154-7**

**Landkarte
Chile
(1:1,6 Mio.)
ISBN 978-3-8317-7116-5**

**Landkarte
Costa Rica / Panama
(1:550.000)
ISBN 978-3-8317-7136-3**

- Aktuell über **180** Titel lieferbar
- Optimale Maßstäbe · 100%ig wasserfest
- Praktisch unzerreißbar · Beschreibbar wie Papier · GPS-tauglich